巨匠的
技与心

The Authentic
Flavors of
Traditional
Tokyo-style Cuisine

小野二郎、金本兼次郎、早乙女哲哉 ———— **著**

小松正之 ———— **监修**　张雅梅 ———— **译**

CS 湖南文艺出版社
HUNAN LITERATURE AND ART PUBLISHING HOUSE

作者简介

大正十四年（一九二六年）十月二十七日，出生于日本静冈县。七岁时，奉长辈之命进入当地的割烹旅馆"福田屋"工作，一直工作到十六岁，被政府征调到军需工厂服兵役，并学会料理的基本功夫。第二次世界大战结束后，正值二十五岁那年，进入位于东京京桥的寿司店"与志乃"门下，就此展开寿司师傅的修业之途。昭和四十年（一九六五年），三十九岁时自立门户，选在银座开店，取名为"数寄屋桥次郎"。开业没多久，便以寿司名店闻名全国。平成十七年（二〇〇五年）获选为日本"现代名匠"；平成十九年至二十年（二〇〇七年至二〇〇八年），"数寄屋桥次郎"获得国际米其林三星认证。至今，小野二郎仍是活跃在第一线的寿司职人。

小野二郎——
Ono Jirou

『数寄屋桥次郎』寿司

昭和三年（一九二八年）一月一日，出生于日本东京都。身为江户时代即设立的江户前鳗鱼老铺"野田岩"的第五代传人，从十二岁起便跟随在父亲身边学习鳗鱼的料理功夫。满三十岁的时候，正式从父亲手上继承老铺，成为店主。一方面细心守护着老铺的传统味道，另一方面也不忘创新并提升服务质量。例如积极开发出结合了白烧鳗与俄式鱼子酱的新菜品，并推出蒲烧鳗的真空包，以及在法国开设分店等。平成十九年（二○○七年）获选为日本"现代名匠"。直至今天，仍在店内服务，持续扶持着长达一百六十余年历史的招牌。

金本兼次郎
Kanemoto Kanejirou

『野田岩』鳗鱼

昭和二十一年（一九四六年）六月四日，出生于日本枥木县。中学毕业后，因为父亲的一句话，"你在学校所学的已足够"，便离乡背井，来到位于上野的天妇罗老铺"天庄"，展开学徒的修业。昭和五十一年（一九七六年），于日本桥开设自己的第一家天妇罗店，取名"三河"。此名称的由来，源自家传至祖父那一代为止、专卖川鱼料理的"三河屋"。凭借着自学徒时代起一路自学所习得的理论基础，长年来练就的扎实料理技术，被业界奉为天妇罗天才料理师，倍受厨师同侪的推崇。另一方面，由于口齿伶俐、善于表达的优点，同时也成为电视、杂志所喜爱的媒体宠儿。

早乙女哲哉

Sotome Tetsuya

『三河』天妇罗

前　言

　　我出生在日本岩手县陆前高田市的广田町，这个乡镇过去曾是沿岸、近海以及巡回世界各地捕鱼的远洋渔业根据地。然而不知从什么时候开始，原本受到远洋渔业的排挤效应而大批涌至沿岸的沙丁鱼和鲭鱼，再也不见踪迹了。再加上过去在近海洋面上采取围网作业的船只逐年减少，船公司也跟着一家一家地关门倒闭。故乡自此变得有些冷清，居民多半只能靠着人工养殖裙带菜[1]一类的水产维持生计。但随着养殖业者的高龄化，在后继无人的情况下，从事渔业的人口也在逐年地减少。广田町的居民人口数从巅峰时期的五千人，缩

　　1　裙带菜：也就是一般俗称的"海带芽"。裙带菜属海藻类植物，一年生，色泽黄褐，其叶片呈羽状裂，因状似裙带而得名。日本栽培裙带菜的历史悠久，日本人两千多年前便开始食用海藻。

减到现今约莫三千九百人。

当听闻这样的状况时，内心难免泛起一股"很想帮助故乡振兴渔业"的焦虑，无奈我个人在东京工作、生活，又要如何才能同时兼顾推动故乡振兴的事务呢？我仔细思考目前自己能做的事情，想到在东京不就有江户湾和东京湾这两大渔场吗？为了日本的渔业发展，也许我可以借由个人小小的力量，把东京和地方上渔业从业人员的活力找回来？我心中的想法于是逐步成形。

从平成十四年（二〇〇二年）起，我开始沿着东京湾沿岸散步。像隅田川河岸，我已经来回走了不知多少遍。吾妻桥到永代桥、胜鬨桥之间，各个桥梁的名称都摸得清清楚楚，并仔细观察河川与水岸的生态环境。此外，我还多次与千叶县和神奈川县的渔村、渔会有过会谈，彼此交换了许多宝贵的意见。

平成十七年（二〇〇五年），我们在横滨港未来[1]盛大举办、邀请天皇夫妇陛下莅临的"第二十五届全国再造丰饶之

---

1 横滨港未来：位于横滨市西区及中区交界海滨，通称"港未来21""港未来""MM21"等，面积约一百八十六公顷，是横滨以填海的方式创造出来的海埔新生地。

海大会"隆重揭幕。这场大会无疑是吸引社会大众共同关注东京湾海域及其相关环境的最佳良机。

昔日，位于江户城前方的海域是一片栖息着大量鱼群的丰饶之海；在这里所捕获的海产，以及应用这些海产做成的料理，以新鲜美味著称，统称为"江户前"。然而现在，在这个江户前渔场大本营的东京湾，从事渔业的人口数已经从过去全盛时期的三万人锐减到三千人。尽管如此，仍有一群人默默坚守着自己的岗位，持续不辍地投入紫菜的养殖，或是捕捞星鳗、虾蛄、青柳贝[1]和血蛤[2]的工作。在浦安[3]一地，甚至还有渔夫专门捕捉野生的鳗鱼。另外，也有一群人长期运用这些来自东京湾的新鲜食材，不断地精益求精，将寿司、鳗鱼、天妇罗这三大江户前料理的艺术发挥得淋漓尽致。今日，已然跃上国际舞台、众所周知的江户前三大料理，其发展与东京湾的地理环境和渔业生态，有着密不可分的关系。

---

1 青柳贝：由于青柳贝的贝肉经常会外露一小截，很像傻瓜吐舌头的模样，所以在日本俗称"傻瓜贝"

2 血蛤：日文称作"赤贝"。此贝类栖息在北海道以南的日本、朝鲜半岛、中国大陆、中国台湾沿岸数米至数十米深的浅海泥质海底。因体液呈血红色，故在中国台湾名为"血蛤"。

3 浦安：位于千叶县西北部，过去曾是渔夫之乡，繁荣一时，盛产紫菜、蛤蜊等海产。

想要了解日本这种瞬息万变的特殊饮食文化，我们就必须将相关重要人物与客观环境的形成要件联结起来，做一全盘的整理，以掌握其中真实的样貌。

长年以东京湾渔获制作江户前料理的三大国宝级名厨"数寄屋桥次郎"的小野二郎、"野田岩"的金本兼次郎、"三河"的早乙女哲哉，正是我们在探讨江户前料理时不可忽略的活宝典。本书展现了这几位大师的出道背景、修业历程，以及他们各自对工作所抱持的态度与理念。而附录，旨在提供读者们应有的基本常识，让大家可以充分了解江户前料理。

希望本书能增进大众对"江户前"的认识与素养外，如能帮助专业的后辈厨师学习到三位大师的技艺与用心，甚至让渔业相关从业人员、环保运动人士能更深入地去思考我们的饮食文化与海洋生态的关系，那将是身为监修者的我最感开心的事。

平成二十一年一月吉日
政策研究大学院大学教授
小松正之

第①章 所谓的一流，要客人认同才行

『数寄屋桥次郎』寿司 ◇ 小野二郎

第②章 无法掌握时代的趋势是会被淘汰的

『野田岩』鳗鱼 ◇ 金本兼次郎

第〈3〉章　想要出类拔萃，就要吃苦耐劳

『三河』天妇罗　◇ 早乙女哲哉

第 ④ 章　三位大师对谈

由江户前独特鱼种孕育而生的江户前料理

鳗鱼和天妇罗的银宝鱼——因为是江户前所以才会有如此美味的鱼

改变中的江户前鱼类

严选食材，江户前职人的工作

能持续这份工作的健康法

快乐工作，身体自然健康

从现在开始培育料理人

附录　江户前料理

すし

うなぎ

てんぷら

第 1 章

所谓的一流，要客人认同才行

『数寄屋桥次郎』寿司

◇ 小野二郎

世界公认的高超手艺

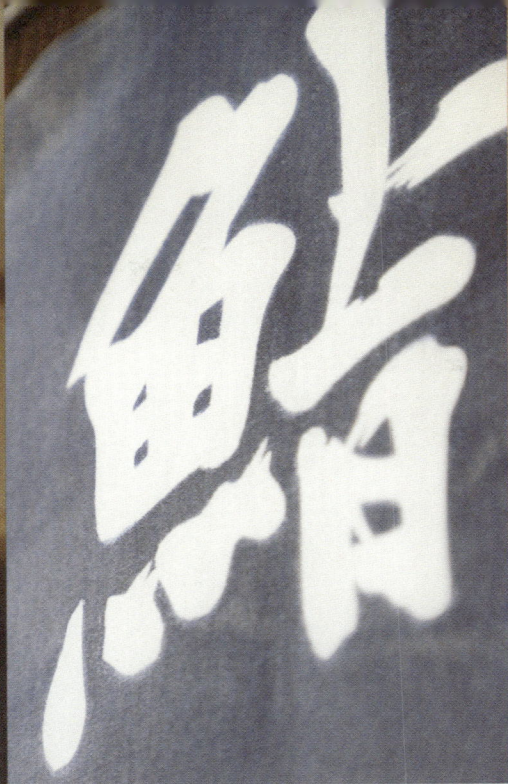

『所谓的一流，
不是我自己说了算，
要客人认同才行！』

1——握寿司与其奥义

醋饭是寿司之命

寿司的美味，关键就在醋饭 [1]。我个人认为，寿司美味与否，醋饭就占了百分之六十的决定性因素。

也许其他的寿司师傅并不像我一样如此地看重醋饭的角色，怎么说呢？从某些店家会使用冷掉的醋饭来做寿司就知道了。我个人是不会用冷掉的饭来捏寿司的，寿司饭必须和人体肌肤的温度相当才可以。饭一旦冷掉了，我就会舍弃不用，重新煮一锅饭。在我的店里都是配合客人预约上门的时间来分批煮饭。

1　醋饭：日文把拌入醋的寿司饭称作"舍利"，原因是寿司饭的做法不同于一般白米饭，煮出来的饭粒颜色较为白净明亮，且粒粒分明，感觉就像舍利子。市面上还有更高级的寿司饭，称为"银舍利"。

　　煮寿司饭，一般日本料理店都会一次煮两升 [1] 备用，在我的店里则一次只会煮八合 [2] 至一升的分量，否则饭很快就会冷掉了。也因此，遇到像周六中午这种黄金时段特别忙碌的时候，我们往往要煮三至四次饭。

　　煮好的饭要拌入醋做成醋饭，但不能马上使用，等饭粒表面沾附的醋稍微往里头渗进去之后，才是最佳的状态。再则，我们说寿司在师傅手塑成型的那一刻，它的温度恰好是最美味的时机。因此，为了在最佳时间点上菜供客人食用，我们就必须计算好时间。

　　以上说的就是本店的做法。但是一般的店家都会嫌这样的做法太麻烦，宁可一次把米饭先煮好放着备用，这也就是为什么市面上很多寿司店的饭都是冷饭的原因。

　　也有店家为了避免饭冷却而采用电子锅来保温，寿司饭都闷在里面，味道自然会变。即使装入的是一般的白米饭，味道多少都会有所改变，何况是加了醋和盐巴的醋饭？味道势必会不一样。

　　因此，我店里的做法是把醋饭倒进木制的饭桶里，再将

1　升：斗的十分之一，约 1800 毫升。
2　合：升的十分之一，约 180 毫升。

饭桶放入稻草编的箩筐中层层保温。但即便如此，饭还是不
会全部用完，毕竟它最终还是会冷掉。

　　寿司饭如何调味？简单来说，就是把煮好的白饭加入醋
和盐，再拌入少许的糖即可。不过说到正统的江户前寿司，
在过去那个时代是没有习惯加糖的。什么原因呢？那是因为
以前的寿司店光是买醋，分量就十分可观了。他们可不是少
量地一升、两升这样买，而是直接整桶整桶地买。买回来的
醋几乎得在木桶里躺上一整年，因此原本酸呛的味道变得柔
和，进而释放出一股圆润的甘醇味。但这样的好处背后也有
其代价。假设你买的是一斗（十升）桶装醋，放了一年后大
概只会剩下八升至八升五合左右，因为木桶本身会吸收。而
静置了一年左右的醋，色泽会变得比较深，甘甜味也会释放
出来。

　　现在由于装醋的容器已和过去大不相同，你买一斗就是
一斗，即使存放超过三年，量和味道也不会有任何的改变。
因此，如果我们不额外添加一点甜味的话，寿司饭的味道就
不会完整。何况，加入少许的糖也能帮饭粒增加色泽。

世界认同的醋饭味

标准的寿司饭可不能光尝起来甘甜而已。

现在许多寿司店的醋饭都不够酸。的确，它们尝起来都有醋的味道，但却没有达到醋足以成为关键角色的程度。我的店就是意识到了这一点，才会稍微刻意突出醋的角色作用。

寿司的酸味如果不够明显，客人品尝了就感觉不出具体的味道，印象自然很模糊。这就好比在他的脑海中出现一道很平缓的曲线，丝毫的惊喜都没有，又怎么会烙下深刻的印象呢？

味道这种东西，在某种程度上还是要显得有棱有角才可以。世界知名的法国主厨乔尔·侯布雄（Joel Robuchon）本人经常出现在他的店里，对于食物，他也是出了名地偏好有个性的、特色鲜明的口味。很注重醋饭中醋的角色拿捏是本店的特色，如果你到店里来看，我的客人几乎都会把醋饭吃光，没有人会嫌它不好吃。

平成十九年（二〇〇七年）在东京首度举办的米其林美食颁奖典礼上，来自世界各地的米其林三星主厨会聚一堂。当时，光临我寿司店的就有十三位，他们一致赞不绝口的就是我的醋饭，每个人都异口同声地表示好吃。

　　而我对每个人的回应也都一样，我总是强调："美味寿司的关键性因素，醋饭就占了其中的百分之六十。"一般的寿司师傅多半都会认为，是醋饭上面所摆的鱼鲜材料左右味道好坏、占关键性因素的百分之七十至百分之八十，但我认为事实并非如此。

　　当然，什么也比不上新鲜、上等的食材来得美味，问题是当渔获量不足或遇到台风过境导致某些海产缺货的时候，我们不得已就得用一些平常我们不会使用的鱼来替代，这时你的醋饭若是好吃，就能弥补食材的不足。所以我说，醋饭才是真正左右寿司美味的关键。

只要看客人吃得投入、尽兴，师傅自然也会使出浑身解数来捏制寿司。这就是寿司店存在的价值。

三秒钟见知音

　　有些客人一坐上寿司店的吧台便光顾着讲话，师傅端出来的寿司连瞧都不瞧一眼，一搁就是五六分钟。

　　这种行为平白辜负了师傅事前的用心准备，以及亲手捏制的诚意。没有立即享用更是违反了寿司的美味原则。早知如此，师傅一开始就用冷饭来捏不就好了？或者，客人直接去买外带的寿司便当吃不也一样吗？既然专程到寿司店来享受，我不太理解为什么有客人会这样浪费美食。

　　很多人都觉得反正寿司本来就是冷的啊！有差别吗？那么我不禁要问："你在家里吃生鱼片的时候，是配冷饭吃还是热饭呢？"通常问十个人有十个人会回答："配热腾腾的饭吃。"道理是一样的，因为握寿司上面摆的正是生鱼片啊！

　　"寿司不过三秒。"我总是将这句话挂在嘴上，目的不外乎希望客人可以在师傅出菜的三秒内将寿司放进嘴里。因为寿司师傅为了让客人能够在他捏制完成的那一瞬间享受到最佳的美味，在捏制的过程当中会将食物的温度与软硬口感控制在最理想的状态。

　　这就好比在吃拉面的时候，只要汤面一上桌，大家就不讲话专心吃拉面一样。没有人会光看不动手，任凭拉面泡糊了，对吧？我不太明白为什么一碗数百日元的拉面大家会吃得很专心，而一贯[1]上千日元的握寿司摆在眼前，大家却可以视而不见，只顾着聊天，好几分钟不动筷子。寿司这种食物光是摆着不动几分钟，整个味道就会改变的啊！

而关于顾客的预约制也是相同的道理。我们之所以会配合客人上门的时间分批煮饭，为的是让客人在寿司入口的那一瞬间可以享受到醋饭的最佳状态。但只要客人一迟到，我们所有的用心便会前功尽弃。

我们这些寿司师傅可以说是将个人的声誉全押在寿司成型的那一刻，因此若能遇到知音，懂得将我们递出去的食物毫不犹豫地送入口中，品尝那臻于完美的滋味，我们这些做料理的人自然会受到极大鼓励，这会激起我们想要做出更美味食物的决心。

而握寿司上面的食材，做法也并非一成不变。你买一条鱼，既有头也有尾，有鱼腹部位也有鱼背。所以当我们遇见投缘的顾客，自然而然会想将食材的美味发挥得更加淋漓尽致。这样能够激发厨师追求完美的客人，便可称得上是老饕级的顾客。

---

1 贯：日语中握寿司的单位，一个握寿司是一贯，约一两。

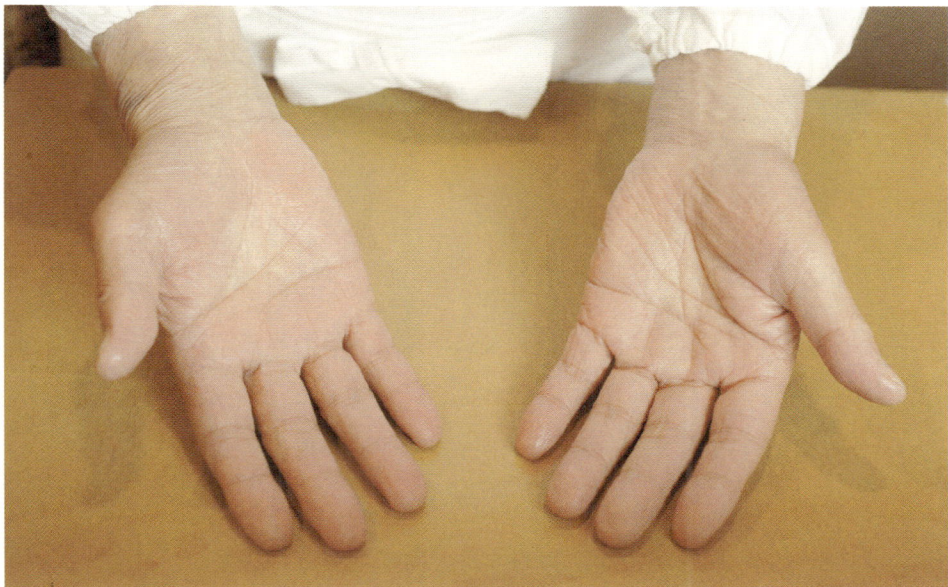

我相信只要脚踏实地做好自己该做的事，便自然而然会得到应有的评价。总而言之，秉持你的真心诚意来做料理就对了！

只要看客人吃得投入、尽兴，师傅自然也会使出浑身解数来捏制寿司。这就是寿司店存在的价值。

三万日元是贵还是便宜

我的店里"由师傅调配"的套餐价码从三万日元起跳，我会挑选当季的鱼类一一上菜，前后加起来大约二十贯的分量。二十贯三万日元，平均一贯约一千五百日元，这样算昂贵还是便宜？

按照一般人的概念，握寿司二十贯得花上三万日元，我想任谁也不会觉得自己赚到了吧？我之所以这么说，主要是因为前阵子我刚好去了一趟九州的由布院，当时投宿在旅馆里既受到热情欢迎，又享受到了美味的料理，也泡了不只一次温泉，服务人员还帮我铺床叠被好几回，总花费也不过三万日元而已。三万日元，就差不多相当于这样的价值。

尽管如此，我还是不认为本店的开价偏高，一点也不！为什么呢？因为本店所进的鱼货都是鱼河岸（筑地市场）里头最顶级的。我在选购食材时从不讨价还价，我只会挑剔质量的好坏，至于价格是昂贵还是便宜，我完全不管。一般的日本料理店都有采购的预算上限，一旦遇到食材超出预算，逼不得已也只好选择次级的产品。但我的店不同！我的采购原则是，只要东西够好就没有二话。以海胆为例，盛产的时候我买过一盒一万日元左右的，但缺货的时候，我也曾经买过高达好几倍价格的。尽管如此，我还是不怕客人吃。因为我的想法很单纯，不够好的东西我不要，不好吃的东西我也不会端给客人吃。

　　何况现在鱼肉的价格居高不下，以三万日元的价格老实说实在没有什么利润。或许的确没有一个客人会觉得吃一顿寿司花三万日元算是便宜的，但至少我相信我的客人只要吃过一次，应该多少能理解入口的滋味值得这个价钱。我之所以敢这么说，就是因为本店的常客不在少数。你看我的店生意有多好，这不正代表着懂我的知音不少吗？

吃寿司速战速决是理所当然的事

吃东西速度快的人，二十贯寿司大约花十分钟就可以吃完，只要师傅一上菜你就立刻配合送入口的话。相对于三万日元的花费，享用美食的时间却是如此短暂，感觉上似乎不太划算？但站在我的立场，我收受客人的每一分钱，凭借的全都是我所提供的最货真价实的美味。

最早的江户前握寿司，其实是从路边摊起家的一种庶民小吃，特别受到当时江户地区工匠技师的青睐。那时候，这些工匠们只要出门在外，肚子饿了，就会就近找家寿司店吃上五六贯，然后潇洒付钱走人，前后花不到五分钟的时间。

这是其他类型食物办不到的事。因为通常你到一家店，老板会先问你要吃什么，然后你得等他做好上菜，任凭你如何地狼吞虎咽，最少也得花上三十至四十分钟。

但寿司就没这么麻烦。寿司师傅从捏好到出菜都很快，客人解决的速度自然也不慢。说穿了，它毕竟是配合江户人特有的急性子所产生的一种料理。尽管寿司发展至今，身价已不可同日而语，不再局限于当年的庶民小吃，但是就速战速决这一点来看，倒是一点都没有改变。

近来，在寿司界普遍流行一种风潮，那就是在客人一入座时先端上小菜，内容除了生鱼片外，可能还会有些炖煮的菜品或是烧烤、炸物之类的，最后才是主角寿司登场。这种把寿司做成怀石料理般的新形态，不仅拉长顾客享用的时间，对促销酒类也是一大帮助。这种店与其说它是寿司店，不如说是同时兼卖寿司的日式小馆来得贴切。

这种小型餐馆不会直接在客人面前捏制寿司，而所谓的小菜也是随店家高兴做什么就端出什么，主要是方便他们将厨房剩余的鱼肉做最后的出清利用。毕竟食材丢掉了太可惜，假如还能端上桌的话，那就是平白赚到。只不过，这样的做法会让寿司屈居于配角的位置，不再是唯一的主角。因此在我的店里不会这样做，我们顶多是到了秋天会推出银杏这样的小菜，方便客人下酒，除此之外就是专心做寿司，不会再有别的花样。对于寿司爱好者来说，应该没有比这更开心的事了吧！

学如逆水行舟，不进则退。除非有一天我不做厨师了，否则提高手艺都会是我一辈子的功课。

可试职人身手的小鳍鱼

寿司的材料当中加工难度最高的，就是类似小鳍鱼[1]这类的鱼了。

乌贼也好鲔鱼也罢，你只要在选购时具有分辨好坏的眼力便够，但小鳍鱼这类东西就得全靠师傅的功力了。首先你得将鱼洗净，然后剖开成两半，撒上盐，并用醋腌渍，放置一至两夜使其发酵后，才终于可以派上用场。

但即使如此费心腌制，鱼可能还是会带有腥臭味，或者一不小心味道就会过咸或是发酸。而这样的情形只要发生过一次，客人就不会再上门。因此，你必须做到一百位客人吃了有九十个人都说好吃的程度才可以，所以我才说小鳍鱼是最难加工的。

至于腌制的时间究竟需要多久，很难一概而论。这要看鱼的大小、油脂分布的多寡，以及鱼的新鲜度，这些因素都

1　小鳍鱼：这里指的是学名为"Konosirus punctatus"窝斑鲦的幼鱼，体长十至十五厘米，表面柔软平滑带光泽。据传日文"コハダ（小鲦）"（意同"子肌"）一词的来由，正是取其外在细嫩有如孩童肌肤之意。自古日本人便习惯将这种幼鱼做成握寿司或醋渍佳肴食用。

会左右腌制的时间。前一天腌渍的鱼，你隔天早上吃吃看，行不行？如果觉得还不行的话，是该再放一天，还是晚上再试？诸如此类判断鱼的腌渍效果，正有赖于专业厨师的功夫。

除了小鳍鱼之外，其他食材我照样会在每天早上亲自试过味道。因为如果不这样做的话，你便很难开口向客人推荐："今天这鱼很好吃喔！"那么就得不到客人这样的回应："是吗？那就来一个吧！"所以我们当然要对自己经手的食材了然于胸，确定食材腌制得恰到好处端上桌没问题了，才能端给客人吃。否则，又怎能期待听到客人一句"哇哦，这味道真好"的赞美？

换句话说，食物好不好吃不是料理的人说了算，是要获得客人认可才行。成天光是自吹自擂手艺有多好，客人只消一句"不好吃"，你就没有下次机会了。一旦让顾客觉得你的东西"难吃"，他就不会再来第二次；或者，只要在顾客心中烙下"价格太贵"的印象，他同样也不会再来消费。

我从来不敢自认为自己手艺一流，毕竟打分数的是客人而不是自己。我相信只要脚踏实地做好自己该做的事，便自然而然会得到应有的评价。总而言之，秉持你的真心诚意来做料理就对了！

2——经过努力才可能诞生天才

七岁进入料理人的世界

我从七岁开始走上厨师这条路。在我即将升上小学二年级的那年四月，我进入滨松当地的一家割烹旅馆[1]工作。身为里头年纪最小的学徒，自然什么都得做，包括打扫、外送、帮大厨磨菜刀，等等。

去旅馆帮忙并非出于我的自愿，实在是因为家境贫穷，只好听任大人的安排去那家旅馆工作攒钱。虽然我并没有想过要成为一名厨师，但直到十六岁被军需工厂征调入伍之前，做菜是我唯一接触过的工作。而就在经年累月的磨练下，我逐渐学会了切生鱼片、炖菜和烧烤的功夫。

---

1 割烹旅馆：即料理旅馆。"割烹"一词，意指由专任日本料理师傅（也就是所谓的"板前"）亲自在吧台前为客人操刀执鼎的一种传统日本餐饮文化。而割烹旅馆代表的正是以料理闻名的旅馆。

　　第二次世界大战结束后，我从军中退伍回到家乡，别提可以在餐厅工作了，根本连一家餐厅或商店的影子都没有。而所谓的黑市交易还是在一年后才流行起来的。当时的米仍得靠政府配给，自然不会有开放餐厅营业许可这样的事。客人不能从正门光明正大地走进餐厅，只能从后门偷偷溜进去，然后在里面吃吃喝喝。

　　最麻烦的就是酒和鱼鲜不好入手，你不是去发放配给的地方用一点手段多买些货回来，就是得拜托渔夫多帮你留一两条鱼。

从滨松到东京，京桥名店"与志乃"

我来到东京发展是二十五岁的时候。当时，有客人听到我想开寿司店，便好心提醒我："想要学做寿司，你最好到东京去。"而当时他推荐我的，便是有"三大江户前寿司名店"之称、位于京桥的"与志乃"。

由于过去我所待的地方都是传统的日式餐馆，从小就一直在学做日本料理，基于作业环境相似的缘故，我选择了开寿司店作为个人的志愿，也因此才有机会踏进这样的名店学习。

可以想象，要熟悉一个新的领域是很辛苦的。尽管我有料理方面的经验，可是做寿司却是头一回，自然得从最基本的工作开始做起。在日式餐馆做事，你不一定得知道醋饭要怎么煮才会好吃，可是一旦进入寿司店工作，你如果不懂得做醋饭的方法，就不可能出师。甚至连鱼的处理方法也和过去很不一样，我也完全没有捏制寿司的经验。基于以上的缘故，虽然店里面还有两位学徒年纪比我年轻十岁左右，但是做最底层工作的却是我。

不过我很争气，因为我学东西比他们两个快很多。那时我已经二十五岁了，自然有不能输给比我年纪小的人的压力，

所以我会花加倍的精力在工作上。

在"与志乃"待了三年后，我接到委派的任务，顿时摇身一变成了大阪某家店的大厨。原因是京桥"与志乃"的老板和大阪的这家店店主是好朋友，当对方提出想卖江户前的握寿司时，便顺口向"与志乃"老板要人手，于是我便幸运中选了。

能够如愿以偿学习寿司店的经营，同时还能赚到三年的合约，这样的机会简直就是天上掉下来的礼物，岂有推辞的道理？于是，我抱着破釜沉舟的决心前往取经。若不是看中这一点，我又怎么愿意一个人离开熟悉的环境去大阪打拼呢？

"数寄屋桥次郎"的诞生

在大阪待了六年后，我在一九六〇年三月回到东京的"与志乃"本店，而在现址设立分店则是十二月的事。同时我也顺利晋升为分店长。

当老板准备将这样的一家店交给我的时候，光凭厨房的工作做得好是不够的，你必须具备一定的经营能力，这其中包括招揽客人的能力，以及口碑宣传的真正实力。倘若只会呆立在吧台后面捏制寿司，然后静静地上菜，这样是做不了生意的，更遑论经营好一家店。我不知道当时京桥的老板为何会做出这样大胆的决定，只能猜想或许他看中了我具备某种潜质吧！毕竟我在大阪期间，寿司店始终是座无虚席。

不过，若是问到该如何拉拢顾客，让他们成为死忠的支持者，我倒是没有什么秘诀，纯粹只有用心二字。你不用刻意说些好听的话来巴结顾客，只要你对自己的料理有信心，并且日复一日毫不松懈地精进努力，其实也就够了。

"数寄屋桥次郎"诞生于昭和四十年（一九六五年）的正月新春，也就是我三十九岁那一年。由于原来的"与志乃"分店决定歇业撤出，在大楼屋主的协调之下，我接手了这家店，并成立了自己的新品牌。

虽然我实际跟着师傅修业的时间也不过三年，但我不觉得这样的时间算短。假设你跟在大厨旁只会一个口令一个动作的话，那么就算你花再多的时间，还是和实习生没什么两样。想要厨艺精进，你必须学会自我思考，并实际操作演练，不断磨练你的技术。假如身边有手艺精湛的师傅，那么在每天厨房的例行工作当中，你就要暗中偷学他的本领，并用他的方法去做做看。通过这样的学习，你就会一天比一天进步。否则，你永远也无法成为独当一面的专业厨师。

学如逆水行舟，不进则退。除非有一天我不做厨师了，否则提高手艺都会是我一辈子的功课。作为厨师，你不能只满足于现状。即便别人称你为现代名匠[1]也好、拿到米其林三星认证也罢，这些都不过是日积月累的成果之一，千万不可因此而自满。身为专业的厨师，我们应该要有更远大的目标才是。

1　现代名匠：指的是每年由日本厚生劳动省针对学有专精的技职人员，遴选出在各界表现特别卓越的人士所颁发的一项荣耀。

3——生活的感悟

普通的一天

　　我通常早上十点半左右才会到达店里，因为现在到鱼河岸（筑地市场）采购的工作已经交由长子负责，相对地我便轻松许多。

　　若是好天气，我会从位于中野新桥的家直接步行到新宿。即便是周日或遇到国定假期不用开店的时候，只要我没事，还是会保持这个散步的习惯。

　　从我家经过新宿走到四谷，再沿着护城河漫步到银座，以我的步幅来说，单程距离就将近要走一万两千步。但因为我现在心脏不太好，没办法走快，所以每次我大概都要花两个小时才走得完。

　　走路对我来说并非苦差事，毕竟这是我长年以来的习惯，假设我连这一点体力都没有的话，如何有办法以八十三岁的高龄每天在店里站上一整天呢？

　　我一进到店里，便着手准备中午的营业。现在，由于前置作业有长子带领的一帮助手帮忙，我只要负责最后的重点检查工作即可。通常我会先听取当日午餐的预约状况，了解一下大致上有什么样的人会来、有多少人。主要是为了确认这当中有没有熟悉的常客，有的话就要准备他们爱吃的菜品；另一方面，有时候也会因为天气等因素造成实际进货的状况与原先采购的计划有所出入，这些都要加以了解才能有所对应。

　　我们开店的时间是在十一点半，午餐结束的时间大约是下午两点整。然后，我们会停下来用餐。我们的伙食交给年轻的小学徒包办，这是他们的功课，做得好不好吃、会不会过咸，或是偏甜、太辣，大伙儿就趁着吃饭的时候给意见。

　　晚餐的准备大致上从四点钟开始，五点半左右我们就会开店迎接顾客。由于现在店里的生意实在太好，晚餐我们必须实施两阶段制，分别为五点半和七点两时段。相对地，寿司饭也会配合这个时间来分批煮。

　　晚上结束营业的时间大约在八点至八点半之间。关门后，大伙儿会做整理与收拾，我则到柜台处清点款项与整理账目，然后准备回家。等我真正踏出店门，大约是结束营业后的一小时后吧！晚饭我习惯回家吃，通常大约十点钟才用餐。饭后我会先洗澡，再看一会儿电视新闻，等到上床睡觉大约是午夜零点至一点钟。

在年轻的时候吃好吃的东西是重要的事

我喜欢享受美食，所以每到放假的周日、国定假期或是周六的晚上，就会四处去寻找美食。只是，我在东京不会走进任何一家寿司店，毕竟同行相忌，没有必要惹人厌。如果有机会到其他城市，只要一听到当地有什么好吃的寿司店，我会毫不犹豫地上门。只不过，还是不免偶尔会被认出我就是那个"数寄屋桥次郎老板"。基于上述种种缘故，导致我无论怎样也无法若无其事地走进寿司店，最后只好选择其他类型的餐馆。例如"三河"，平均每个月我都会去一次；另外，像"野田岩"和乔尔·侯布雄的店，我也都会去吃。

享受美食固然是我天生的爱好，但身为一名厨师，为了保持味觉的灵敏度，平日多吃一些优质的食物也是必要的。举例来说，假设你一整个月都光吃蔬菜类，那么当你尝到鱼肉的滋味时，即使不是那么上等的鱼货，你也会觉得美味得不得了吧？同理可证，如果想要维持自己对食物的品味，平

常就非得吃一定水平以上的料理才行。这个道理同样适用在小孩子身上。人在孩童时期对味觉的记忆力是最强大的，如果在幼年的时候就能吃到美味的食物，对孩子来说就是一辈子最好的味蕾训练。所以，我的两个小孩还在念小学的时候，我就带他们去京都玩，顺便吃遍当地各种美食。

　　有一次，我们去拜访一家位在京都的寺町、店名叫"三岛亭"的餐厅，店家由于本身饲养牛，便以橄榄油烤牛肉作为招牌菜。当时我的两个小孩正值会吃的年纪，惊人的食量把店里的女服务生都吓了一跳："我们店里的价位不便宜，你们点这么多，没问题吗？"我的长子在那之前并不爱吃肉，但是那次在"三岛亭"的经历却让他开心地直呼："肉竟然可以这么好吃！"于是我便随他高兴，能吃多少就吃多少，最后结账时发现，父子三人总共花掉了超过十万日元。

　　然而直到今天，我的长子对当年那牛肉的滋味依然念念不忘。尽管已经过了二三十年，他仍然不时会提到："当时入口的那个牛肉实在太好吃了！父亲头一回带我们去的那家店，牛肉的滋味我到现在都忘不了。"那次的经历简直已经渗透进他的骨子里，成为身体记忆的一部分。所以我认为，十万日元的消费其实一点儿都不贵。父母对子女从小累积的这种训练，必定会在他人生的某个时刻点发挥它的效益。包括日本的传统饮食文化与用餐礼仪，不也应该同样地通过类似的身教来传承给下一代吗？

　　身为厨师也一样。假如你从年轻的时候起便吃遍各方美食和精致的食物，对饮食的品味自然不同。我店里一年会组织一次员工旅游，如果地点很近的话，年轻人他们自己就能去玩。但当由我带队的时候，通常就会选择他们平常比较不可能去的地方，例如冲绳或广岛，也去过靠日本海的金泽一带。我们会在那里短暂地享受一下奢侈的生活，然后再让员工开开心心地回到工作岗位上。人在外出旅行的时候，对于在哪个地方吃过些什么、在哪里又做过些什么事，通常会很难忘怀。等到这些小毛头将来有一天自立门户了，开始有下属帮他们做事时，相信过去的这些记忆就能派上用场了。

超过八十高龄打保龄球不失手的功力

我喜欢打保龄球，即使到这个年纪，也依然每个月会去玩一次。与其说打保龄球是我的兴趣，不如说我除了这项运动外别无选择。以前年轻的时候还会去爬爬山，但现在心脏不好，已经不能再从事过于剧烈的运动了。我第一次接触保龄球是在昭和四十年（一九五六年）左右，当时正是保龄球刚流行的时候。我经常在晚上收工之后，和一群年轻同事一起去打保龄球。现在，我大致仍维持每个月一次、一年共约十二次打保龄球的习惯，其中平均一年会出现一次两百分左右的高分纪录。去年（平成十九年，即二〇〇七年）和前年（平成十八年，即二〇〇六年），我各有一次全局无失分的纪录，创下的分数分别是两百零七和两百零三。要打到一整场下来毫无失手，可说是件非常困难的事。

　　我敢说，就算是和我店里那些年轻小伙子比，我也不会输他们。我是个左撇子，自然是用左手丢球，问题是保龄球场提供的球清一色都是供右撇子专用。球洞和我的手指在很难贴合的情况下，必须选择磅数稍微重一点的球，手指才有办法抓牢。所以我现在使用的都是十四磅或十五磅的球。尽管别人都说我很会打球，但事实上，保龄球这种东西是不需要用力的。你只要把手臂往后拉，然后顺应球本身的重量自然摆荡到前方，趁势将手抽离即可，根本不需要使劲。

　　最近我又迷上了另外一样东西，那就是烧陶。话虽这么说，其实也只去玩过三次而已。平时偶尔会去拜访陶艺家加藤孝造的工作室，在加藤老师的劝诱之下，忍不住尝试自己动手捏陶和烧窑，才发现其中的乐趣。竟然玩着玩着，不知不觉就忘了时间。念幼儿园的小孩不是都会玩沙吗？烧陶的原理就和那差不多。你要先搓泥塑形，然后晾干上釉，最后便是送进窑里烧制。每次看见自己完成的作品，总有无法随心所欲的感叹，例如原本可能设定好要做一只茶杯，没想到最后做出来的成果却足足小了一号，成了茶盏。但或许也是因为如此，反而激起我期待下一回能有更佳作品的那种继续挑战的欲望。

『数寄屋桥次郎』寿司

店家信息

地址	东京都中央区银座 4-2-15 冢本总业大楼地下室
电话	03-3535-3600
营业时间	11:30～14:00 ｜ 周一至周五 ｜中午 17:30～20:30 ｜ 周一至周五 ｜晚上 11:30～14:00 ｜ 周六 ｜中午
休息日	每周日及国定假日

日营业时间与休息日偶有变更情形，
详情请洽各店（二○○九年一月）

听
小野二郎
怎么说

对金本兼次郎的印象

　　我去"野田岩"吃过好几次，每次去，金本先生都会礼貌性地出来跟我打招呼，说完"欢迎光临"后便立刻又钻进厨房里，我们没有什么进一步的交谈。所以我一直以为他是个沉默寡言的人，直到这次对谈时才发现（请参阅第2章）他可以这么健谈，还真的令我感到惊讶。详细一问才知道，原来他平常在大学授课，难怪说起话来能如此行云流水般滔滔不绝。

　　"野田岩"的鳗鱼真是好吃得没话说！就算别人要学他的那种方式烤鳗鱼，也做不来，因为只有金本先生才有办法把那样滑嫩的鳗鱼肉穿上竹签，而且烧烤过后还能维持工整的外形，不会松散。

　　去年（平成十九年，即二〇〇七年），金本先生入选"现代名匠"之列，但在我看来，这项荣耀早该落到他头上了，他拿到奖可说是实至名归。

对早已女哲哉的印象

　　我眼中的早乙女先生不仅手艺了得，脑筋也好，加上能言善道，实非等闲之辈。你只要听他一席话，就知道他可不是普普通通卖天妇罗的老板而已，他可以从科学的角度来分析料理，对鱼类的了解更是透彻，几乎到了无所不知的程度，可见他平常有多用功了。另外，他对于陶瓷（器皿）也有相当的研究，专业程度可是连陶艺专家都不免感到汗颜的。不过话虽如此，你从他的外表却完全看不出来，因为他总是一副优哉游哉的模样。

　　早乙女先生整个人散发着江户人的味道。只要工作结束立刻就出门找乐子，就算不喝酒也要到处游荡；不管别人提起什么样的话题，他照样都能接得上，可以说是上知天文、下知地理。在我们这个圈子里，像这样的职人还真不多见。

　　早乙女先生也会光顾我的店，一星期大概"只来"五天。我们已经是二十年以上的老交情啰！

一问一答
小野二郎（以相同的问题询问三位大师）

一 何谓"粹[1]"？　　进入社会后还能够一直坚持自我主张
　　　　　　　　　　　的人。毕竟，被誉为"粹"，也算得上
　　　　　　　　　　　一种虚荣的门面吧！

二 何谓"料理"？　　就是食物。

三 何谓"一流"？　　比一般人还要杰出的人。不过，这不
　　　　　　　　　　　是当事人可以决定的，必须是经大众
　　　　　　　　　　　认同的。

---

1 粹：日本汉字"粹"，其一解释是代表江户之子的精神及
　气质，对生活的洒脱，还有对人情世故的精通。

四　何谓"流派"？　　　　是这个人的信念。

五　您如果没有　　　　　可能是机械工吧！因为以前当兵的时
　　成为厨师的　　　　　候在军需工厂里，整天不是待在动力
　　话，会想从　　　　　室里就是负责操作起重机（吊车）。我
　　事哪一行？　　　　　还蛮喜欢做这一类的事。

六　您的励志铭　　　　　努力。别无其他。
　　是什么？

七　您有特别迷　　　　　没有。我不太相信这种事，人能够依
　　信什么吗？　　　　　靠的只有自己。

八　假设明天就　　　　　大概会吃咸鲑鱼或酱菜类的茶泡饭
　　是世界末日　　　　　吧！因为是最后一餐，所以特别想豪
　　的话，您最　　　　　迈利落地大口扒饭。日本人就该这样，
　　后的晚餐想　　　　　你说是不是？
　　吃什么？

第 2 章

无法掌握时代的趋势
是会被淘汰的

『野田岩』鳗鱼

◇ 金本兼次郎

KANEMOTO KANEJIROU

不断创新的老铺第五代传人

『我们哪有什么流派！不过是按照「江户前」的传统做法罢了。』

五代目 野田岩

1——江户前鳗鱼职人、一流的工作

剖鱼、穿签、白烧、清蒸、酱烤

　　料理鳗鱼的过程可以分为五个阶段：首先将鳗鱼剖成两半，接着插上竹签，然后不添加任何调味料进行白烧，下一步蒸熟，最后才蘸上酱汁烘烤入味。经过这五个步骤，才能算是完成一道正统的蒲烧鳗。

　　夏季盛产期间，师傅一天大约要处理一百千克（约五百条）的鳗鱼，平均一条约花四十秒的时间。两分钟可以处理三条，这是业界的基本常识。

　　在串鳗鱼的部分，关东地区的做法是先蒸熟再蒲烧，所以他们会使用竹签来进行；但关西的做法不同，因为少了清蒸这道步骤，所以普遍习惯使用铁签。上等的鳗鱼肉质特别细致软滑，如果穿签的动作没有做好，鱼肉在烧烤的过程当中容易脱落；相反地，如果因为担心脱落而串得太密集的话，又会影响卖相，这些都是需要考虑的重点。

我在下乡的时候虽然也看过有店家会先把鳗鱼放进蒸锅里蒸熟，再摆到炭火上烧烤。不过基本上，关东地区的做法还是偏向以白烧作为第一道步骤，这可以说是业界普遍的常识。因为如果不这么做的话，鳗鱼皮容易变硬，也比较不容易去腥。我的店很注重白烧这道步骤，因为唯有将鳗鱼皮的土腥味彻底地除去之后，才有办法将肉质的鲜美提炼出来。

　　当鳗鱼放进蒸锅里蒸煮时，最需要留意的是你究竟去掉了多少油脂。蒸煮的时间大约一个小时，接着便要蘸上酱汁烧烤，如此制作出来的鳗鱼口感将会十分地绵滑柔嫩，有如绢豆腐一般。

江户前的鳗鱼佐料用的只有味淋和酱油，两者间的比例会决定味道上的差异。过去的佐料比例为味淋和酱油各占一半，；但现代人的口味偏甜，所以一般来说，师傅都会把味淋的比例调配得多一些。

"明明只有味淋和酱油，为什么鳗鱼的味道会这么好？"经常会有人问我这样的问题。那是因为每次将鳗鱼浸入调配好的佐料里，那鲜甜的汁液便会彻底地渗入肉质里。

自古以来业界流传着"剖鱼三年、穿鱼八年、烧烤一生"的口诀。我每天都在烤鳗鱼，但随着木炭堆放的差异、鳗鱼油脂释出状况的不同，每一次我都要微调做法。

无论鳗鱼是野生或是养殖的，这些功夫都省不了，不会因为鳗鱼的条件改变有所不同。制作美味鳗鱼的五个标准作业工序是不容打乱的，这也就是所谓江户前的正宗做法。

对天然的坚持

天然的野生鳗鱼捕捞季从每年的四月开始，由霞浦一地揭开序幕，利根川紧跟在后，到了五月、六月则是东京湾渔夫们大显身手的时候。到了秋季，则又有另一拨专程为产卵来到太平洋的鳗鱼成为人们的盘中餐。吃鳗鱼是讲究时节的，肉质最鲜美的时候是在每年的九月至十月。

　　每年捕获的天然的鳗鱼的数量都不同，以今年（平成二十年，即二〇〇八年）来说，尤其是最近，渔获量特别惊人，多到连过去不曾往来交易过的批发商都前来向我兜售。也拜鳗鱼大丰收所赐，今年采买的野生鳗鱼数量可说十分可观，光是天然的品种，最高纪录就曾经达到一天买进三百千克之多！

　　不过，由于野生鳗鱼的价格始终居高不下，店里也不能只用野生的鳗鱼，养殖的品种同样一天也会进三百千克左右。这样两边的食材加起来，一天就有六百千克！已经达到店里所能处理的饱和状态。如此庞大的采购量，就连弟弟在横滨开的店以及位于高岛屋的分店加进来，恐怕都无法全部消化完毕。

　　尽管如此，我还是交待店里的人："野生鳗鱼我们不收不行。"原因是，如果因为丰收我们就拒绝多采购，当批发商的销售状况不佳，就会导致渔民以后都不想捉鳗鱼，这样我们就没有鳗鱼可卖了。

　　我店里的鳗鱼盒饭价格有几种不同的等级：旺季进货较多的时候，三千日元以上的用的都是野生鳗鱼；进货较少的

我在早会上对年轻人说的话，归纳
起来，离不开"如何让我们的人生
过得丰富而有意义"这个中心。

时候，价格也可能上扬到五千日元左右。

　　通常我都会先询问客人的意愿，是想吃野生的鳗鱼吃到过瘾，还是不介意鳗鱼的体形没那么大，只要保证很美味就行？如果客人回答"小一点也没关系"，那么我也会视情况定相对应的价位。相反地，如果客人表示"我想要大吃一顿"，那么收费就会在五千至六千日元。或者如果有人说"请给我特大号的鳗鱼"，以时价计则可能高达一万日元左右。客人对价位不介意的话，那么我保证他吃饱喝足准备打道回府时，必定会感到心满意足。

　　每条鳗鱼的油脂分布不一，鱼肉的厚度也不一样，光凭肉眼实在很难定出价位。尤其是野生的鳗鱼，通常它们不是头比较大、骨骼比较粗，就是肝比较肥厚，体形的落差也不小。而捕获的季节和时期的不同，也都会造成质量上的差异。因此，根据食材的变化微调我们的料理手法，使菜品维持在一定的水平，正是身为鳗鱼师傅的我们的工作。

高价的养殖鳗

　　捕捉野生的鳗鱼有其季节上的限制，加上渔获量也不可预期，导致市场价格比较贵。但鳗鱼终究是一种平民化的美食，我们总不希望它的价格贵到离谱，因此本店也引进养殖的品种。只不过，养殖的价位在今年（平成二十年，即二〇〇八年）也创下新高，和去年相比，每一千克约多出一千日元（以成鱼而论）。

去年春天由于养殖鳗鱼过剩，到了秋季还一度造成价格下跌，市场一片哗然。后来是超市开始拒绝来自别国的鳗鱼商品上架，促使民众大肆抢购日本产的鳗鱼。这场意外的风波让鳗鱼批发商赚得不亦乐乎，手上有的货全卖给各大超市，浑然忘了我们这些嗷嗷待哺的生意伙伴，于是市面上的鳗鱼店竟然瞬间食材大缺货！

造成的问题还不仅于此。这些养殖鳗鱼，其实是业者将捕捞来的仔鱼（鳗鱼的幼苗）丢进养殖池里培育，因此，也造成市场上仔鱼的供货量相对减少。最近，仔鱼的交易行情飞涨，一千克甚至可以卖到一百万日元！

如此一来，便造成生产者（养殖业者）在筹措投资方面倍感吃力，相对在回收投资的时候，成鱼的卖价就不可能便宜。于是，养殖鳗鱼的身价便一路上涨。而站在鳗鱼店老板的立场，又不能要求养殖业者暂时不要进鳗鱼苗养殖，因此再贵也只好苦水往肚里吞了。

近来，鳗鱼也晋身为桌宴菜之一，日本民众似乎慢慢可以接受它的高价位了。虽然售价太低，养殖业者难以为继，但价格高到离谱，就轮到我们这些专卖店无力承受了。对于那些全家仰赖一家小小的店面维生，甚至还得付店租的人来说，无疑是雪上加霜。不知道有多少人会因此被迫关门大吉、另谋生路呢？

业者的素质降低

随着野生鳗鱼愈来愈难捕获，现今日本人吃下肚的鳗鱼超过百分之九十九都是养殖鳗鱼。

昔日的养殖鳗鱼可说是质量绝佳。我还记得几十年前养殖出的鳗鱼，味道香，肉质紧实又有弹性，经过烧烤后往往令人不由得发出赞叹："这烤鳗鱼也太好吃了吧！"但曾几何时，这样的体验已变得十分罕见，许多养殖鳗鱼肉质都有过度松软的问题。

花上数年光阴育成的养殖鳗鱼，本来就无法与天然野生相较，后者的优点是肉质紧实，经得起火烤。相对地，你如果没有先白烧一会儿，不仅无法去除它的腥臭味，内在的鲜

甜也无法自然释放出来。另外，蒸煮的过程也要花比较久的时间，大约需要一个小时。如此大费周张地伺候，最后才得以完成一道美味的日式烤鳗。

问题是，现在养殖出来的鳗鱼肉质比较松垮，经不起大火烘烤；而一旦白烧的步骤没有做好，就会残留腥味。即使后面还有一道清蒸的步骤，也会因为肉质不够紧实的关系，顶多只能蒸上五分钟至十分钟不等。如此制作出来的烤鳗是不会好吃的。也许你们疑惑，为什么过去和现在的养殖鳗鱼质量会有这么大的落差呢？其实料理师傅也要负担部分的责任。因为鳗鱼的肉质如果比较松软，厨师的刀就不容易损伤，剖鱼的时候相对也比较省事。于是有人向养殖业者传达出这样的需求，而业者为了自身的荷包着想，也只好配合着改变品种，才有了这种肉质较软的鳗鱼问市。

尽管我频频向他们反映："从前的人不是这样养鳗鱼的！再这样下去，我们以后就吃不到鳗鱼本来的味道了！"但很无奈，没有养殖业者愿意听进我的劝告。

有一句话叫作"因材施教"，处理鳗鱼也一样。每一条鳗鱼的条件都不相同，有的油脂比较丰厚，所以要这样烧烤；有的含油较少，应该那样处理……不同条件的鳗鱼就有不同的对应方式，考验的正是专业料理师傅的功夫。

　　问题是现在有很多厨师不重视基本的技术，凡事只挑轻松的做，即使做出来的菜不好吃也不会反省是不是自己的手艺不够好，反倒会怪鳗鱼的质量不佳。成天只会盯着数字打如意算盘，连正眼也不瞧鳗鱼一眼，费时费工的事不干，这样怎么可能培养出好的厨艺呢？然而当这样的厨师成为大多数之后，客人慢慢地也就懒得移驾到专门店来吃了。毕竟，当你上餐馆吃到的味道和超市买到的没什么两样时，任谁也不会想当冤大头专程到店里吃吧？

　　因此，身为专业的厨师，应该持续不断精进自己的技术，以提供顾客不同于超市的味觉享受为目标。可惜这样的厨师实在是太少了。这些短视近利的人正把自己逼向绝路却毫不自知。

　　如果我们不能切切实实地将身为一名厨师该有的正确心态和职业道德传递给下一代的话，说不定我们这一行将因此惨遭市场淘汰而彻底消失。这样的职业危机，其实我从数十年前就已经隐约嗅到了。

2——守护、培育老铺

所谓继承老铺这件事

　　身为已经营四代之久的鳗鱼店老铺的长子，自我懂事以来便不时受到大人的提醒，"你以后是要继承这家店的""你就是第五代的掌柜"。就连双亲也是用同样的话对我洗脑，周围的人更是用"'野田岩'老板儿子"的身份来看待我。加上我的好朋友个个家里不是卖鱼的就是做其他生意的，大家都有未来必须继承家业的心理准备，我自然也将它视为理所当然。

　　如果是现在，我们大概会倾向于"尊重孩子的意愿"吧！不过身为父母，我想还是会免不了很具体地向孩子传达"跟着我走这条路准没错"的讯息。

　　不过不能光是嘴上这么说，大人总不能硬逼着孩子去做，想让孩子心甘情愿地继承家业，父母就要把生意经营得有声有色，让孩子感觉到它的魅力所在。若只是对孩子发牢骚，说些"我们家还有大笔债要还"的话，任谁也不会想继承这个烂摊子吧！你必须让孩子对事业怀抱梦想，这既是父母的责任，同时也是身为经营管理者的责任。

　　我开始会骑脚踏车是在五六岁的时候，当时我总像个跟屁虫般跟在父亲的身后，四处去批发商那里串门。渐渐地，父亲开始派我去取一些煮汤的材料或是鱼；有时候，外送的地点不太远的话，父亲也会让我去。于是自然而然地，我便开始帮忙起店里的生意。

　　我的父亲很严厉，也因为顽皮的关系，小时候的我常挨骂。我家有两道楼梯，一个在前面供客人进出店里使用，另一个在屋里头。每次父亲发火的时候，都会一面狂吼着"你这小子！"，一面发出震天响的脚步声，气急败坏地爬到楼上的自己家。这时候，我就会从另一个楼梯火速躲到店里头去。没一会儿父亲发现了，又得赶紧从另一边的楼梯跑到店面，而我早已利用店里的楼梯逃回家里去了，如此的戏码重复上演着。

　　总而言之，父亲的角色对我来说是绝不容忽视的存在。我的意思非指亲人间那种血浓于水的情感联系或是表面的关系，而是我们父子乃至全家人，因为经营一家店而紧密地结合在一起。该说是"同舟共济"吗？总之，我们家人之间的关系就是那样密不可分。

　　我继承这家店的时候是三十岁，也就是在昭和三十三年

（一九五八年）的时候。由于我从第二次世界大战开始前就已经把鳗鱼的制作过程大致都摸透了，剖鱼、穿签这些技术都难不倒我。至于经营管理方面，我母亲总是会提醒我要记得看收支账目。她还跟我说，如果要让自己的兄弟进来帮忙，就非得建立一套有如公司组织架构般的体制才行，等等。她的许多教导让我获益良多。

在第二次世界大战爆发之前，店里一直都是门庭若市，无奈战后店面一带形同一片焦土，荒凉得很，客人流失近八成。最惨的时候，一天盼不到一组客人上门。

而最难熬的期间是在昭和二十年至二十三年（一九四五年至一九四八年）间，我还记得当时曾经走到附近少数幸存下的宅邸，每家每户地询问："您今天想吃鳗鱼吗？"后来，我在原地站了一会儿，感到十分茫然，因为我终究未能争取到订单。

从那之后，生意有逐渐复苏的迹象。到了昭和三十三年（一九五八年），我正式接手经营店面时，整家店的营运就差不多都是我在管理了。想必父亲也看到了我的成长，觉得是时候该交棒了吧！

追求野生的鳗鱼

在我接手鳗鱼店的时候，市场上野生鳗鱼的数量已经很少了，这导致生意变得十分艰难。虽然店里的营收不成问题，但关键的野生鳗鱼始终无法取得，这让我伤透脑筋。

过去在这邻近一带，在金杉桥就有两家专门引进东京湾鳗鱼的批发商；而除了东京湾的渔获外，也有一家批发商卖的是来自利根川及冈山县儿岛湾、九州的柳川等地的鳗鱼，我的食材都是向他们进货的。但是到后来，当这些商家都愈来愈难取得野生的鳗鱼时，我只好每天起一大早，骑脚踏车到浦安或千住一带去采购。到了昭和三十三年（一九五八年）我考上驾照后，采购的工作就变得轻松许多了。但问题却接踵而至，这时候连在千住的批发商那里都买不到野生的鳗鱼了。

可想而知，战争期间，想要取得一条野生鳗鱼更是难如登天。于是父亲会在一大清早搭乘火车前往现在的潮来（茨城县）采买来自霞浦的鳗鱼，并在当地先将鱼处理好，然后一路带着食材于深夜赶回来。为了防止鱼肉腐坏，烧烤的步骤还得赶在当天进行，如此隔天才能端上桌给客人吃。在那个经济活动受到政府高压管制的年代，小老百姓也只能靠自力救济了。

正因为看过父亲吃苦的模样，我有所警惕："人绝对不能坐以待毙，一定要试着把触角往外伸，所谓的'狡兔三窟'就是这个道理。"于是我从利根川的批发商开始，慢慢地将合作的对象拓展到更广、更远的地方。

但即便如此，仍然不能保证野生鳗鱼随时想要就拿得到。因此，在昭和三十六年至四十八年间（一九六一年至一九七三年），本店现址的这栋大楼尚未落成完工前，每到冬季几乎完全买不到野生鳗鱼，那时候只好关门休息。当时的我们还会努力撑到十二月，然后一直休息到次年的四月份鳗鱼再度上市为止。也因为此举，博得客人帮我们广为宣传："那家'野田岩'啊，没有野生鳗鱼卖就不做生意了！"我们对纯天然鳗鱼的坚持，就连我们的顾客也都一清二楚。而这也是我一开始投入这一行既有的想法。

话说回来，毕竟市场上的鳗鱼店不只"野田岩"一家，尽管赢得了客人的赞许，但只要我们一休息，客人就会跑到别家店去吃养殖鳗。想来这也是无可厚非的事，毕竟客人想吃的时候就是一定要吃到。只是这样的传言愈听愈多之后，在不得已的情况之下，本店也开始恢复在冬季做生意。另外，也差不多就是在这个时候，随着我在日本桥的高岛屋开设一家分店，我的店也开始采用养殖鳗作为食材。

尽管我对野生品种的追求依然长挂在心，但是站在一个经

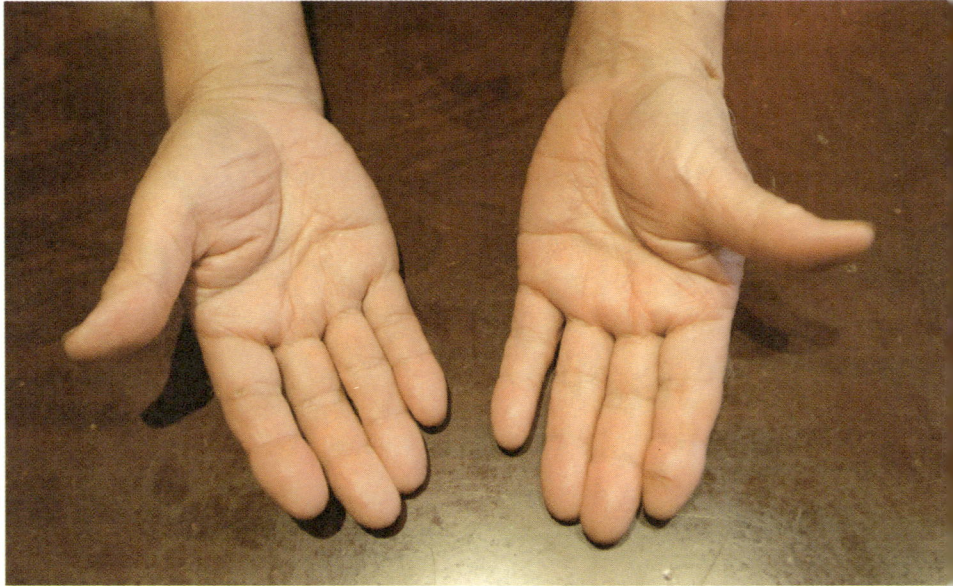

如果我们不能切切实实地将身为
一名厨师该有的正确心态和职业
道德传递给下一代的话，说不定
我们这一行将因此惨遭市场淘汰
而彻底消失。

营者的立场，假设只能仰赖祖传老店的名气守成，什么补救的措施也不做的话，客人终将会一个一个离去。这是我用亲身经验换来的心得。

传统与创新

一提到祖传老店，大家脑海里想到的都是谨守着过去的传统、一成不变的店铺。当然，我并不是说这样是错的，毕竟有些好的做法必须要坚持下去。比方说，前面一开始我提到的五个鳗鱼处理步骤——剖鱼、穿签、白烧、清蒸、酱烤——这个工序就绝对不能擅自更改。

只不过，完全照着老祖宗的做法一成不变也不行，所以我在佐料方面曾做过几次微调。一如先前所述，我把味淋的用量比例略微提高了。毕竟时代在转变，人也必须与时俱进。举例来说，我年轻的时候因为经历过战争，即使是学校这样的教育场所，偶尔也会让我们学生练习用一斗米（十五千克左右）比赛举重。反观现在的人几乎没有什么机会扛重物。不但如此，放眼车站或每栋大楼，也都有电梯或扶梯可使用，我们几乎连楼梯都不用爬。光从身体的劳动量来看，现代人和以前的人可说有着天壤之别。既然生活形态大不相同，当然口味也会跟着改变。

以葡萄酒为例，据说两千年前人们喝的葡萄酒，味道其实比较接近醋的感觉，随着时代的演进，才逐渐形成今日我们所熟悉的味道。同理，从前的人过的是山野间的生活，势必和现代人所追求的味蕾体验大不相同。

愈是世代传承的老铺，愈是不能墨守成规。即便身为一名厨师，也要了解外面世界的变化。无法掌握时代的趋势是会被淘汰的。

我从四十岁开始，便在朋友的推荐下参加了由《商业界杂志》所主办的讲座。每一次讲座，讲师都会针对企业的经营理念及时代演变的趋势，进行精辟的分析。尤其是近来这十年、二十年间，外在环境的变化更是迅速，为了跟上时代的脚步，我平均一年会参加两次类似的商业讲座。

后来我决定在日本桥高岛屋开设分店，也是受到《商业界杂志》的启发。记得当时全家人都反对我的提议，他们一致认为没有人会接受这样的高价位，但是我一意孤行，认定如果不在那样人来人往的地方设立一家店，让各行各业的人都有机会认识我的鳗鱼饭，那么我可能连自家的老店都守不住。

做过功课的人就会知道，在这样一个瞬息万变的时代，作为一家祖传老店，应该去思考如何经营才能永续发展；相对地，什么功课也不做的人，只会顽固地默默守成，丝毫不懂得要把头抬起来看一下外面的世界，对周遭环境的变化浑然不觉，什么样应对的措施也没有，很快地他们将会发现，自己在不知不觉当中已经被时代给淘汰了！等到有所警觉的时候，客人早已经走光了，这是做生意的人最害怕的一件事。

野田岩与葡萄酒

若说有什么别出心裁的经营手法，我想那是在昭和五十年（一九七五年）左右，我开始在店里面卖起葡萄酒的创举！毕竟在当时那个年代来说，没有哪一家鳗鱼店会有这样新鲜的经营法。

我个人接触到葡萄酒是在四十多岁的时候。当时在他人的推荐下，我前往位于浅草一间家喻户晓的名店"入银"（采用松坂牛的牛排和烧肉专卖店）品尝美食，就是在那儿第一次尝到葡萄酒。在此之前，我对葡萄酒完全没有概念，所以一不小心便喝多了，害得我足足半个月胃都感到不太舒服。话虽如此，那酒还真是好喝，让我始终念念不忘。于是从此

养成了每天晚上都要喝上一杯葡萄酒的习惯。

不久之后，开始有了在自家店贩售酒类的想法。刚开始，先以搭配薄盐白烧鳗推出一小杯慕斯卡德[1]作为尝试。同一时间，我还在店里面摆上来自法国勃艮地产区一款名为"Roulerie"[2]的小瓶装白葡萄酒供客人点用。

另外，在本店的菜单上还有一道"鱼子酱白烧鳗"（也就是在白烧鳗的表面摆上鱼子酱搭配着吃的一道料理），那是我在学会喝白葡萄酒之后，私下好玩试做的，觉得还不错就推荐给客人。上世纪七八十年代初期的鱼子酱还很便宜，一公斤罐装四万日元就购买得到，所以我也会拿它来做成茶泡饭，把客人喂得饱饱的。可惜近来鱼子酱的身价已非同凡响，三十克就要价两万日元左右，现在回想起来，我们那时候还真是奢侈啊！

---

1 慕斯卡德：英文名 Muscadet，产自法国罗亚尔河谷南特地区的一种白葡萄酒，别称"勃根地香瓜种"(Melon de Bourgogne)。其酒体轻盈、口感偏干，带有一股特殊的海滨气息。

2 Roulerie：此款白葡萄酒来自 Anjou 产区，属于一般不甜型的白酒。酒的颜色呈淡黄色，略似梨子汁，口感带有清新的酸味，整体感受清爽、容易入口，适合在夏天饮用或搭配清淡的料理。

3——传承的技法、传统

普通的一天

平常住在店面楼上，固定早上四点钟会起床，四点半下楼到店里。通常这时候，那些年轻的厨师、学徒都已经早起，陆续到店里做准备了，于是我便展开当日处理鳗鱼的工作。

店里所进的养殖鳗每天都会从静冈县的烧津直送过来，至于野生鳗，则是一周两次由我们自己人巡回霞浦、利根川一带采购回来。以前我还会参与采购的任务，不过现在多半时间都得留在店里盯着大伙的工作，出门采购只能偶而为之了。

每当我开始处理鳗鱼时，那些小伙子们就会聚集到我身边来学习。我会将剖开的鳗鱼交给他们做后续的处理，然后换我在一旁观看，如果还有残留的鱼刺未剔干净，我就会出手帮忙。如此日复一日地重复练习，大家自然而然就会愈来愈熟练。

另外，还须视当天的需要，赶在早上七点前去一趟鱼河岸（筑地市场），寻找鳗鱼以外的食材，例如泥鳅。日本国内的

泥鳅产量很低。说起来也有点不可思议，以前泥鳅这种东西根本没人吃，如今竟然还得仰赖从中国进口才足以应付市场的需求。当我从鱼河岸回来后会稍作休息，毕竟早上起得很早。休息一会儿过后，大约在十一点钟我们会进行早会。通常大伙儿会视情况需要，可能提前在十点半就自动集合了。

忙完午餐后，换我上场负责烧烤。我会一直忙到傍晚，然后视烤台的情形而定。如果火候都可以维持稳定的话，我就会交给年轻人去做。而在过程中一旦发现状况不太对，我就会立刻再接手，让助手稍微看一下我是怎么做的之后，彼此再回到自己的工作岗位上。本店打烊的时间是晚上八点钟，待大伙儿再稍微整理一下店面过后，我大约会在八点半上楼休息。

鳗鱼这种东西，你如果没有每天亲手烧烤，是烤不出自己想要的色泽来的，那么又怎能期待它的美味呢？所以，当年轻人做得到的时候就要尽量让他们做，否则等到他们四五十岁的时候，恐怕也都还烤不出像样的颜色来。可能他们会的只有模仿，却烤不出地道蒲烧鳗的色香。不过外行人光用肉眼其实不太能分辨出来，只有功夫底子够扎实的资深料理师傅才懂得辨别其中的好坏。

过去我们的烤台会架设在客人看得到的地方，原因是顾客希望看到我本人烤鳗的场景。毕竟，有些客人是从父亲那一代就开始光顾了。

可是当年轻一辈技术学成了，你不让他实际操作也不行，更何况他们本身也会有实践的欲望。你不能以"客人就是想看到我本人亲自烧烤"为借口，不让年轻人操刀，那样他就永远无法出头，这无异于直接将优秀的人才扫地出门。如此一来，将可能对他的人生造成很大的打击。所以我才会把烤台挪到客人看不到的后方区域，让大家都有机会轮流烤。

货真价实的技术要传给下一代

我在早会上对年轻人说的话，不外乎怎么做可以让客人用餐更愉快、大家要用什么样的心态来面对工作才会做得开心，等等。归纳起来，离不开"如何让我们的人生过得丰富而有意义"这个中心。至于赚钱一事，我则只字未提。

每年我都会带店里的女服务生去那些高级的法式餐厅见习一两次，平常只要一发现她们的服务有问题的话，就会立刻提醒她们："我们上回去的那家店，你有没有发现类似的状况？"通常得到的回复都会是"没有"。于是我会接着这么说："既然如此，那你现在这样做不觉得很奇怪吗？"之后，她们就能理解我的意思了。

为了这些学料理的年轻厨师、学徒能够老老实实地学到基本的功夫，并好好地将它延续、传承下去，我经常会对他们精神喊话。毕竟现在世道艰难、生存不易，客人愿意来到店里面消费是我们应感到庆幸的事，这点我必须要让他们理解。

但我并不想去严格要求他们干鞠躬一定要多少角度之类的事，因为这种事难道是你说了他们就会满心欢喜地去做吗？我想不太可能吧！你如果没有让他们发自内心对客人的光临感到感激，他们是不可能达到你要的礼节与服务要求的。所以，在我的店里没有礼仪上的规范，我只是苦口婆心不断地向他们强调，要用心去思考如何做才能让顾客感到宾至如归。

　　我自从接手店的经营以来，始终都在思考着该如何培养年轻一辈的厨师。经过深思熟虑后发现，终究还是得回归到基本技术面的传承。我必须将自身所学习到的手艺扎扎实实地传承给下一代。这不仅仅只是"野田岩"内部的问题，即使考虑到业界整体的发展，我也同样认为没有比培育出专业的厨师、让他们可以用健全的心态把自己工作做好更重要的事了。

玩乐也可以培养人才

　　生而为人，就应该趁年轻的时候痛快地玩，这样才能尽早把我们身处的这个社会里里外外的规矩都摸清楚。这句话，恐怕也是要到了我这把年纪才有资格说吧！年轻时先把利害得失放一边玩个彻底，了解社会，熟悉人情世故，这样你才能从中体悟到做人的辛苦，并养成能屈能伸的性格。不这么做的话，等你到了一定的年纪，将会变得非常难以相处。

　　比方说，我每年都会约我的老班底一起到浅草玩上几回。说到这里，我不免要表示遗憾，因为现在有艺伎表演的宴会场所已经愈来愈少了。而艺伎这个圈子，可说是一种一旦没落了就很难复苏的文化。这也就是为什么我们招唤艺伎的时候，都非得要大声嚷嚷制造骚乱的原因。

关于这个圈子，我很清楚它的内情，因我从小就帮忙店里外送的关系，经常出入娱乐场所，加上从父亲那里听来的八卦也不少。去逛娱乐场所的时候，你如果出手太吝啬会被人家嘲笑；相对地，出手太阔绰的话则成了冤大头，也同样会遭人笑。

这其中分寸的拿捏，就要靠我们趁年轻时（反正怎么样都会被人家叫作"笨蛋"）通过玩乐来取得经验了。只要你把握好原则，别陷进去就可以了。

对于未来想成为一家店的经营者来说，这样的人情世故不可不熟稔。因为你身上背负着一家店招牌的兴衰责任，自然不能让对手轻易地发现你的弱点所在。

从小，父母就经常对我耳提面命："你肩上可是担负着'野田岩'的名声，千万别做出什么丢脸的事来。"为此，父亲还特别提醒我："要喝酒跑远一点，别在这一带！"因为家里是做生意的，而人只要一喝了酒，任凭酒品再好，大声嚷嚷总是无法避免，被街坊邻居看到会产生不好的印象。所以说，要喝酒的话就到别处去喝。由于家父本身也是个很会玩的人，我在他身上算是学到了不少经验。

在父亲掌店的那个年代，前一天外送的菜，隔天就会去收款，于是父亲会把收回的盘碗都寄放在邻近的墓地里。在拿到营收的钱后，就和他的厨师朋友们前往位于品川的娱乐场所玩。有时父亲不小心把他手上的钱花光，便会向其他同行师傅借调，如此循环下去，工作与玩乐两不误。

昔日，在紧临京滨的铃森（即现在的品川区南大井）前方不远处，有一家知名的螃蟹料理店，当时父亲一伙人也会去那里打牙祭。但因为那里的女服务生态度不佳，听说父亲还曾经把店里的榻榻米全都翻了过来，尽管那家店的榻榻米多达六十张以上。虽然父亲并非毫无理由地恶意闹场，但是要将现场完全恢复原状也的确要花上一番工夫。而当老板的人就要有能耐聪明应对了，一般人会生气的场合千万不能动怒。显然这家店的老板深谙此道，原因是他年轻时也在外面混过，类似的场面见多了。而父亲也因为老板态度良好的关系，日后仍继续上门。父亲玩够了之后就由我接棒。我常跑的几家店，例如位于新桥的小酒馆，其实都是父亲习惯去的店家。偶尔父子俩会不小心在同一个场合撞见，当时说有多尴尬就有多尴尬。

以前那个年代就是如此，连玩乐都可以代代相传啊！

『野田岩』鳗鱼

店家信息

地址	东京都港区东麻布 4-2-15
电话	03-3583-7852
营业时间	11:00～13:30 ｜ 周一至周五 ｜中午 17:00～20:00 ｜ 周一至周五 ｜晚上
休息日	每周日

日营业时间与休息日偶有变更情形，
详情请洽各店（二〇〇九年一月）

听
金本兼次郎
怎么说

对小野二郎的印象

二郎先生常常上我的店吃饭，可惜的是，我虽然经常念着要去吃他做的寿司，却始终没有什么机会。因为我们八点半才打烊，那时候，二郎的寿司店早已经关门了。不过我的孩子们倒是在中午时段到他的店用过几次餐。

我对二郎先生的印象就是耿直踏实，隐约有点老古板的味道。他非常专注于他寿司师傅的角色，是非常令人敬佩的一个人。放眼今日有多少厨师一旦坐上老板的位置，就什么事也不做，全部丢给底下的人去执行？但是二郎依然亲自站在第一线服务，同时还能让年轻人跟他一条心一起奋斗。从身为一名专业的料理师傅，穷尽一生只为做好一件事的态度来说，我觉得他和我算是同一类人。

从他的店面设在银座那种地方来看，不是内行人不会想到这么做的。所以我猜，二郎先生年轻时应该也有过一段喜欢玩乐的荒唐岁月吧？

对早已女哲哉的印象

早乙女先生的厨艺没话说，只要是和天妇罗有关的，他都能洋洋洒洒对你说出一番道理来。就连与女人相关的话题，他也可以毫不遮掩地和你公开讨论。无论对于事业还是个人的生存之道，感觉他都很有自己的一套想法。光这一点，我就认为他很了不起！非常棒的一个人！

他的特立独行，或许某些人很不以为然，不过我个人倒是觉得，做人如果可以活得像他那样潇洒也是件很幸福的事。至少我自己还做不到那样的程度。

生而为人，假如一辈子都只是正正经经工作、努力赚钱，从不纵情玩乐，或许也算是种幸福。不过我认为，趁年轻时候要玩尽量玩，充分体验人活在世上是怎么一回事，并且独乐乐不如众乐乐，这不也是令人称羡的一种幸福吗？假如只因为自己以手艺为生，就一股脑地埋头在钻研技术的领域，浑然不知外面的世界，这样的人生未免也太枯燥了。毕竟做料理是充满想象的世界啊！

一问一答

金本兼次郎（以相同的问题询问三位大师）

一 何谓"粹"？

深谙人情世故却不轻易外露的人；即使外露，言行举止也会自然、不着痕迹。

二 何谓"料理"？

你愈享受你的人生，你做出来的料理就愈是好吃。这样，你的客人也才会吃得开心，不是吗？

三 何谓"一流"？

料理的基本功很到位，对烹饪一事也有相当程度的了解。

四 何谓"流派"？　　　我们哪有什么流派！不过是按照"江户前"的传统做法罢了。

五 您如果没有成为厨师的话，会想从事哪一行？　　　电车司机。我有个伯父住在大森[1]，以前我去他家玩的时候，光是看特急列车[2]（"燕""樱"号）在铁轨上跑，就可以看上好几个小时。

六 您的励志铭是什么？　　　"只要有客人掀开我们的门帘走进来，就务必要使他尽兴而归""单独前来的顾客更是要好好款待"——这两句话都是父亲告诉我的。

1　大森：位于东京都大田区东部，其靠近东京湾沿岸原本是浅草海苔的盛产地，现已填平作为海埔新生地利用。

2　特急列车：指日本铁路的特快车。一九二九年九月，当时的日本国有铁道把最急行 1、2 号列车命名为"富士"，3、4 号列车命名为"樱"。翌年，一九三〇年十月，往来东京与神户之间的一、二、三等列车开始营运，即为"燕"字号。

七 您有特别迷信什么吗？

没有。这种事我都尽量地不去在意。

八 假设明天就是世界末日的话，您最后的晚餐想吃什么？

我想待在家里吃老婆做的味噌汤和生菜色拉，配上一碗热腾腾的白饭。虽然这是我平常吃的食物，但假如明天这个世界就消失不见的话，我想吃的应该还是这些菜吧！

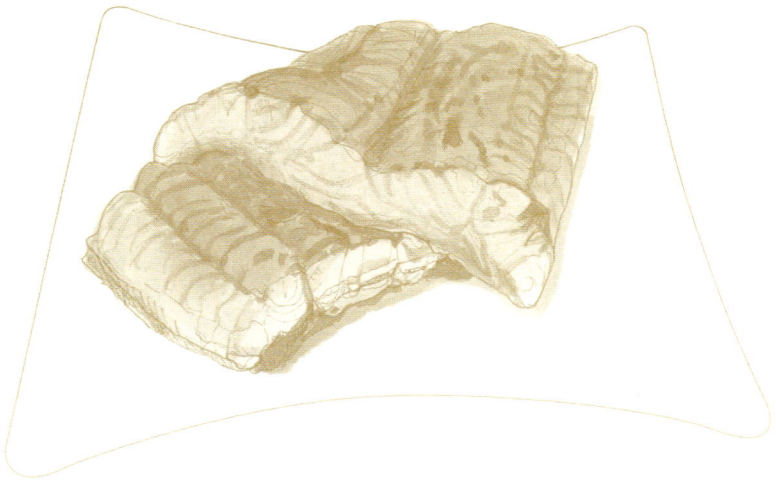

第 3 章

想要出类拔萃，就要吃苦耐劳

『三河』天妇罗

◇ 早乙女哲哉

SOTOME TETSUYA

理论与感性兼备的天才料理师

想要出类拔萃，
就要吃苦耐劳。
做料理这件事，
就是男人的工作。

1——关于天妇罗的事，知之甚详

"蒸"与"烧烤"同时进行

当我们品尝过天妇罗后觉得"好吃"，这个"好吃"的关键，你若深入去分析的话，可以分为"甘甜"和"鲜美"两部分。

以虾来做比喻的话，即使是同样一只虾，你吃虾头和虾肉的部位就是截然不同的味道：虾肉会比较接近"甘甜"的滋味；至于虾头，大家都是为了尝它的"鲜美"，而非为了"甘甜"。既然我们在味觉上有不同的追求，那在烹调上自然也该有不同的做法。

虾肉讲求的是趁新鲜时下锅油炸，时间须控制在二十四至二十五秒间。一旦超过这个秒数，它天然的甘甜味就会整个消失不见！当你炸到二十四秒的时候，虾肉中心的温度会在四十五摄氏度至四十七摄氏度，正好是我们一般温酒的热度。这是我们人在吃东西时最能够感受到甘甜味的温度。既然特定的温度可以激发我们的味蕾去发掘食物的甘甜，那么我们在烹调的时候就应好好地善用这一点。

　　炸好的虾肉你若把它切开来看，会发现它的正中央呈现半生不熟的状态，虽然带有一点温度，却不至于烫舌。当炸到这样的程度，就能把虾子的甘甜味给激发出来。

　　至于虾头，则必须持续炸到它的鲜味释放出来为止，时间控制在两分钟左右。两分钟其实很长，你如果对一个不懂做菜的人说"炸久一点"，他顶多也只会炸到一分钟或一分半钟就出锅了，那样虾头是不会好吃的。当你感觉到"好像快炸好了"的时候，记得让虾头在油中再多停留一会儿准没错！虾头就是要炸得通透彻底才会好吃，其分寸的拿捏有如相扑选手正踩在边线上，再多一步就要被判出界般的紧绷状态。

　　决定经由这样的烹调过程的虾头所释放出的鲜味的关键，是含水量的多寡。食材当中的水分要如何控制？应保留多少？决定食物最终鲜美程度的关键就在这些问题的答案之中。

　　说到天妇罗，大家一定会觉得"就是炸呀！"，事实上没那么简单。不论是外面裹的面衣还是鱼肉本身，其实都含有水分。当食材在含有水分的情况下加热，油炸物本身就不能超过一百摄氏度高温。与其说是炸，倒不如说是用一百摄氏度的高温来"蒸"更趋近事实。

　　当你将处理好的食材下入油锅里，它的水分就会慢慢蒸发。而水分蒸发后，油炸物的温度会瞬间从一百摄氏度飙升到接近两百摄氏度，这时候食物等于是在两百摄氏度的高温下"烤"的状态；反过来说，假设食材所含的水分并未完全蒸发，那么食物等于时在一百摄氏度温度下"蒸"的状态。归纳而言，同样是天妇罗，却会在制作中依照条件不同，区分为以一百摄氏度"蒸"和两百摄氏度"烤"的烹调方式来进行。当你有了这样的概念之后，手上的鱼究竟该在哪个部位沾上面粉或者不沾会不会比较好，面衣又要裹到什么样的程度才算恰当，这些问题都可以自己来做决定。

　　以日本沙梭[1]为例，如果你想要强调的是沙梭的鲜美，那么你就要尽可能地将它的水分给完全逼出来。因为这种鱼尝起来没什么味道，但是你可以通过含水量的调节，让它原始的鱼肉味道变得更突出，你将会惊叹"原来沙梭也可以这么够味啊！"。

　　不过有一点要注意，即便是要去除水分，也不能整条鱼从头到尾全裹上面衣。由于鱼皮的部位水分蒸发得特别慢，所以

1　沙梭：日文叫作"梭鱼"，俗称"沙肠仔"，是一种鲈目的海鱼，亦泛指所有属于沙梭科的鱼类。主要分布在西北太平洋区，包括日本、韩国、中国北方沿海及中国台湾的西北部和澎湖海域。

你只能取鱼肉的部分均匀沾上面粉，然后放进油锅里炸，这样做出来的沙梭天妇罗才会好吃。

　　另外，星鳗这种鱼，它的表面滑溜滑溜的，那是由鱼鳞演变而来的。很多人都不喜欢生吃星鳗时的那股腥臭味，但是只要将它的表面稍微烤过后就会变香，瞬间爱上它的滋味的人还真不少。因此，在处理星鳗的时候，建议先将整条鱼里里外外彻底地裹上面衣，接着利用面粉钵的边缘迅速将连着外皮的那一侧面粉刮掉，然后下锅油炸。如此一来，有鱼皮的那一面因为没有裹面衣的关系，水分就会蒸发得比较快，形同用两百摄氏度的高温"烤"，完成的天妇罗味道就会比较香。

　　解释到这里，如果还有人听不太懂，仍一味地认定"做天妇罗，不就是把材料全丢进油锅里随便炸就好了吗？"，那你一辈子也做不出像样的天妇罗来。你一定要有个概念：天妇罗这种东西，同一时间它既可以"蒸"也可以"烤"，效果全由你制作出来的面衣是什么样的形态、面粉又是如何沾的决定。也唯有悟出这个道理之后，你才有资格向人炫耀："我这天妇罗炸得真好！"

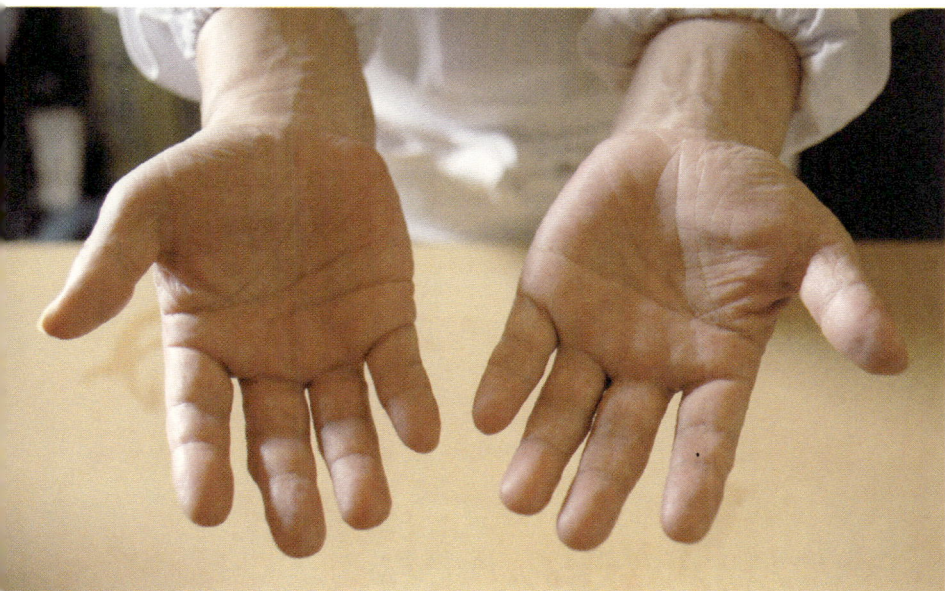

我每炸一道天妇罗，必然会去找出它最完美的那个平衡点来，多一分少一毫都不行。不能只是"差不多"程度，而是要追求刚刚好的那个点。

凡事都有它的道理

天妇罗的制作，依照不同的鱼种、不同的蔬菜，所要注意的油温和面粉的处理方法都不一样，但绝对都有它的道理在。一般人都是凭经验觉得"大约这个温度就可以下锅了"或者"这样的时间差不多炸好了吧"，却几乎从来没有人想要认真探究这样的经验法则到底对不对。这样做出来的我们美其名称为"料理"的菜，事实上离所谓的烹饪艺术还很远。

举例来说，为什么这种鱼要做成干货？为什么那种鱼要用盐腌？而有的鱼要做成醋渍口味？为什么有的鱼用炖煮的方式，有的要油炸，有的又要烧烤？而同样是烧烤，为什么有的可以直接在火上烘烤，有的却要离火远一点，有的还要先添油再烤？以上这些问题若没有好好地加以思考厘清，做事只"凭感觉"、认为"差不多就好"的话，那么你这辈子的成就顶多也就到这里为止，不可能再往上提升了。

炸地瓜的时候也一样，通常外行人会用筷子戳戳看，能够刺穿地瓜就表示熟了，然后关火停止油炸。事实上，这种油炸程度还不够。

我们炸天妇罗的目的是为了吃好吃的东西，那和食物有没有熟透有什么关系呢？只关注食物有没有熟，就和在意地瓜有没有毒或者人能不能吃，是同样水平的问题。这不能称为"料理"，比较像"饲料"！

地瓜的淀粉含量很高，而淀粉遇热时会转变为麦芽糖，麦芽糖若持续加热到接近一百四十摄氏度时，最后会化为液态的糖浆。你只要认识到地瓜在加热过程中会生成糖分这一点，那么从它的油炸程度有没有熟透你就可以判断，大概再炸多久它就会转化为糖了。

我们常听老一辈的师傅说："炸天妇罗最理想的温度是一百八十摄氏度。"为什么是一百八十摄氏度呢？因为油温达到一百八十摄氏度就会开始冒烟，换句话说，也是油因为自体温度过高而开始感到"疼痛"的点。所以大家才会口耳相传："油温达到一百八十摄氏度时，就要停止油炸。"

问题是，现在的油和以前的性质大不相同，像胡麻油即使加热到将近两百摄氏度也不会变质，而色拉油发烟点（冒烟的温度数）又更高了，加热到两百三十摄氏度也没有问题。因此，若要事半功倍的话，最好多多使用色拉油来油炸，这样不仅油不容易变质，而且能迅速达到我们需要的高温。不过，如果希望味道要好，用胡麻油来炸天妇罗其实会比较香。究竟是选高温耐炸的色拉油，还是能提味的胡麻油，就看个人从哪方面来考量了。

或许有人会感到好奇，明明有那么多烹饪手法可以选择，又何必一定要做天妇罗呢？理由是，油炸天妇罗可以充分发挥油本身所具有的绝佳脱水效果。如果你想在厨艺上提升自己，就不能不知道这一类基本常识，有系统地整理这些基本常识并培养正确的概念是很重要的。

理论的极致

有些人会叫我"理论派的早乙女先生"，原因是不管别人问我什么样的问题，我都有办法给出答案，即使是科学性的知识，我也同样来者不拒。因为在我的观念里，身为一名料理人，如果连我自己都说不出一个道理来，那就不配称为大师了。

我从十几岁开始就一直和一些陶艺家和艺术创作者往来，通过和他们讨论、交流，我受到不少观念上的冲击，慢慢地也形成了今日属于自己的一系列独特思考。

在这群艺术家伙伴当中，有不少人都具备高度的探索新知的精神。举例来说，你如果不懂得砂土的质地变化，就不可能进行烧陶；你若对漆树的性质不了解，就不可能懂得如何调漆、如何上漆。对于某方面的专业知识，你如果缺乏追根究底的研究精神，是不可能创作出具备真正价值的东西的。

　　我在炸天妇罗的时候也一样，一旦有意外的状况发生，我就会立刻回头检视，看看问题发生在哪个阶段，又为什么会出现这样的状况。而这些功课是平常就要做的。

　　我特别喜欢观看有关实验性或探讨科学知识的电视节目，甚至还曾在《所先生吓一跳！》[1]节目（日本电视系列）里客串演出过，当时参与的是以"在珠穆朗玛峰山顶上的气候条件下来炸天妇罗会出现什么样的状况"为主题的内容。

　　当我身边的人一听到节目的主题时，反应不外乎"想想就知道不可行嘛""难不成要躲在冷冻库里面炸天妇罗喔？那可是零下三十啊！做这种实验有什么意义嘛"，但我认为就是因为它设定的条件很特殊，可能会出现以前想都有没想过的状况，很值得研究。

　　而我这个人的个性是，一旦答应别人要做的事，就会尽全力在事先做好一切的准备。因此，我花了很长一段时间模拟在预设的条件下炸天妇罗可能出现的状况，以了解可能的实验结

　　1　《所先生吓一跳！》：是一个以科学研究为目的所制作的生活教育推广节目，自一九八九年十月播放以来，屡屡创下高收视，并因其优质的内容获颁无数奖项，进而成为电视台少数长青类节目之一。

果；如果和我预想的状况不同，我会分析原因又出在哪里。通过一次又一次的实验，逐步将自己的心得记录下来，并理出一套逻辑。

以世界第一高峰珠穆朗玛峰来说，海拔八千多米，是非常危险的一个地方。因此，电视制作单位将实验的地点拉到海拔五千五百米的地区，让我在那里做天妇罗。

在我将天妇罗下入热油之前，尽管气压不同于平原，但我总认为应该不至于会有太大的影响，然而当我实际操作后发现，我的想法是错的！于是我仔细推敲可能的原因，发现原来是面衣本身含有水分，加上食材中也含水，而这些水分直接影响了烹调的结果。不像我平常炸天妇罗，从一开始就是油在主导整个炸的过程。

前面我所提到的"蒸""烧烤"同时发生的概念，也是通过这次实验首度发现的。而你一旦搞懂烹调的原理后，就可以随心所欲地发挥创作。无论是面衣的形态还是面粉的沾法，都可以由你自己来做决定。而通过这样的训练所学习到的技术，是一辈子跟着你，任谁也抢不走的功夫。

唯有理论与感性兼具并完美
融合，你才有可能创造出好
的作品。

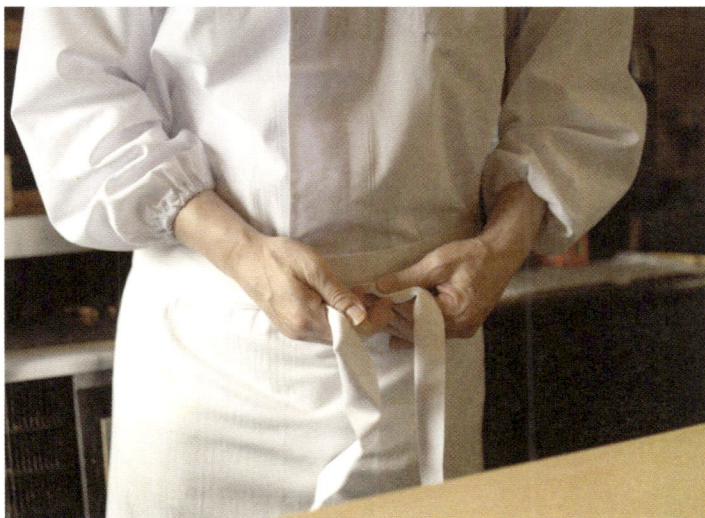

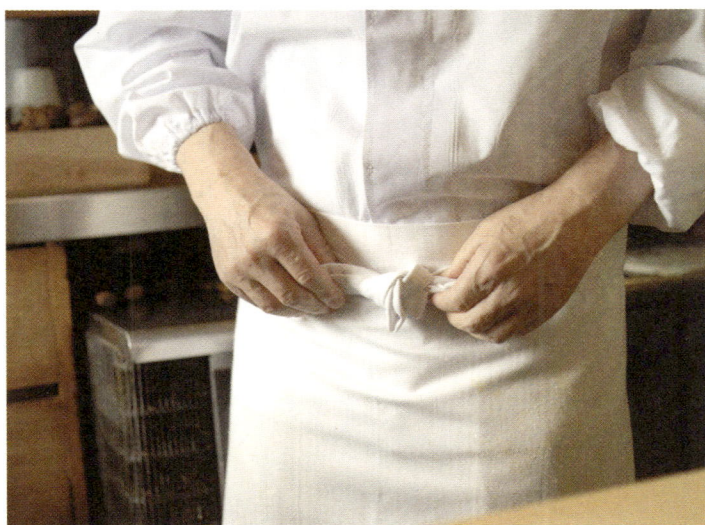

淬炼出感性

对我个人来说，生活中不能缺少理论作为基础。不过，若光是懂得学术性的理论，并不能保证你就能够成为一名出色的厨师，你还需要一样东西，那就是感性。唯有理论与感性兼具并完美融合，你才有可能创造出好的作品。

所谓的"感性"，指的就是对事物的看法。通常我们只要张大眼睛，面对面地正视眼前的事物，应该都不难理解出它的大致样貌。

以我个人来说，从客人推开店门走进来的那一刻起，到坐下来为止，这短短几分钟的时间，就足以让我能够大略掌握他的出身和成长背景。你从他脸上的表情、动作、说话的口吻和走路的姿势、步幅大小、身上穿着衣服等，就能判断出这个人的身份地位。他会是个很强势的人吗？或者，其实也没那么威严呢？这一小段时间，脑海里乍现的想法，就足以让你瞬间悟出，你要服务他到什么样的程度才能令他感到满意。

客人在品尝我做的料理时，我也会仔细观察他嘴部的变化，以此全盘掌握客人的反应，"现在他的舌头已经尝到那个味道了……嗯，他一边忍耐一边继续嚼……应该是大眼牛尾鱼的味道有点呛，令他想要压抑舌头的那股麻刺感"。然后，我会稍等一下再推出下一道菜。通常这个时候，我都会听到客人给予正面的评价："果然好吃！"只要你懂得在最适当的时机提供给客人他想要享受的美味，那么食物便没有难吃的理由。

以上这些观念，都是父亲传授给我的。

小时候，自从父亲买了电视回家后，他就会经常收看日本国民体育大会的比赛转播，当时的我还曾经和他一起看过女子射箭比赛。说到射箭，过去的电视技术尚未有分割画面的功能，自然不可能同时显示选手放箭以及箭射中标靶的画面。但说也奇怪，父亲只要看选手放箭的那一刻，就能立即预测出结果是"中了"还是"没中"，准确率百分之百！

当我对此感到惊奇不已时，父亲告诉我："箭要射中标靶有它独特的形态。一旦形态对了，射中标靶便是意料中的事。所以说，你只要观察选手放箭的那一瞬间，就猜得到它会不会射中了。"

观赏相扑比赛的时候也一样，父亲表示"哪一边实力比较强，在双方面对面就位的那一刻就可以看出来了。只要选手的腰够沉稳，即使他只有五十千克重，也可以瞬间变成一百千克的大块头，让对手搬不动。"

从此以后，我便开始学习用父亲的方式来观察我所接触到的人、事、物。例如欣赏太鼓表演时，我只要看击鼓的人下半身是怎么蹲的，就知道他敲出来的声音如何了。在日积月累的训练之下，渐渐地，我看事情的角度便愈来愈准确。

只要你能够将接收到的，不管是正面还是负面的讯息，全消化为于己有利的最佳形式，并将它展现出来，或者你懂得运用你的感性，将所有可能影响的因素去芜存菁后，做一次完美的迸发，那么此刻的你，已经具备了兵来将挡、水来土掩的傲人气势。

2——天才职人的诞生

父亲的回忆

从五岁开始我就几乎和大人一样在工作了。五岁开始送报，上小学之后就学会自己开收据、到客户处收款，客户有丧事就代表家人出席吊唁，客户有婚礼就去送上祝贺礼。总而言之，只要对方是我送报的客户，和他有关的一切事务便都是由我打点。当时，报业经销是家里赖以为生的主要工作，为了填饱肚子，必须全家总动员。

我的父亲在我眼中是个很了不起的人物。他总是清晨五点钟就出门送早报，等到他回到家时已经是下午三点至四点钟了。为什么会这么久呢？因为他每到一家客户那里，就会和对方商讨一些事情或者闲话家常，以致明明送的是早报，却要拖到傍晚才能送完。若换作别人，恐怕免不了要听客人抱怨怎么送得那么晚，但就因为是父亲，大家都已经心里有数，知道他大概什么时间会到，所以每个人反而会泡好茶静

静地等他上门。

　　换句话说，父亲对他们来说已经不只是个派报的人，而是只要帮得上忙就几乎无所不包的"万事通"。而家母也不遑多让，上了年纪之后，她便开始身兼妇女会会长、民生委员一类的职务，林林总总的头衔加起来竟然有十八项之多！只要自己体能上做得到的、时间上应付得来的，几乎来者不拒。能做的尽量做，不计较个人的利害得失。这，就是我的父亲母亲。

　　直到今天，我不曾遇见过有哪个人像我父亲一样十八般武艺样样精通。因为在我有生以来的记忆中，从未见过他惊慌失措的模样。

　　我是个谨慎小心的人，总是忍不住会去在意旁人的眼光。以前，只要有年轻的女孩子来店里吃饭，我就会忐忑不安地一直担心她是不是在看我；客人稍微啰唆一点，我就会忍不住动气，设法在颜面上扳回一城，让他无话可说。总之，对于身边人的反应，我始终耿耿于怀。

但父亲就不同了，他总是一副泰山崩于前面不改色的模样，维持着一贯的慢条斯理，不管发生什么事都无法打乱他个人的节奏。我想，到我死之前，我一辈子都追不上我父亲的伟大。

在我中学即将毕业的时候，父亲曾对我说："你在学校所学已经足够，现在进入社会是没问题的。"父亲的观念是：真的感觉到自己有不足的地方，再去念高中；如果念了高中还觉得知识不够用，再去念大学。不过，因为他看我做起事来还算利落，便认为我应该足以应付大人的世界。于是在父亲的鼓励之下，我正式脱离父母的庇护，独自出门闯荡。当时的我十五岁，刚从名为"父亲"的社会大学毕业。

在上野广小路的"天庄"入弟子列

我离开了枥木县的藤冈来到东京闯荡，是在我中学毕业后没多久的事。

我从小就立志长大要开一家寿司店。所以从小学三年级开始，家里的饭都是我负责煮的，而大人们总是称赞我："哲哉好会煮饭喔！"每当我们要吃寿司的时候，当天的饭我就会煮得稍微硬一点，鱼肉则是早上就准备好，然后全家人会一起捏寿司。或许是因为这样的缘故，我觉得寿司特别美味，从此立志成为一名寿司师傅。就连小学的毕业纪念册里面也明白记录下我当时的想法。

就在举行中学毕业典礼的八天前，刚好有位父亲的朋友说要介绍我去寿司店工作，于是我随他来到东京。而在我们正式去拜访寿司店之前，得先解决"五脏庙"的问题，当时我们走进了一家卖天妇罗的店，那是位在上野广小路的"天庄"。

我们用完餐准备离开的时候，那位长辈走到柜台要结账，店家却告诉他"今天老板请客"，说什么也不收他的钱。我见状忍不住开口问："难不成……您一开始就是要介绍我到天妇罗店工作吗？"我猜，只要我松口"其实不是寿司店也没关系"，对方就会承认他本来是要介绍我来天妇罗店吧！而且，他应该是暗中和父亲串通好的。

我从五岁开始就和一群大人一起工作，对于察颜观色这种事还蛮在行的。事情发展至此，我也只好无奈地被迫接受，"天妇罗店也可以。"一听到我的回答，那位长辈赶紧接口说：

"比起寿司师傅来，炸天妇罗的薪水比较高喔！"根据他的说法，炸天妇罗一旦学成出师，平均每个月可以拿到三万日元左右的薪水。以当时那个年代来说，在学校教书的老师起薪约七千日元上下，相较之下，当个天妇罗师傅其实也没什么不好。

事情决定之后，后续的进展可用如火如荼来形容。我从学校毕业的两天后，我穿着学生制服就来到了东京，并在当日的白天就开始参与店里的劳务工作。

三十岁时独立

我自立门户开设以"三河"为名的天妇罗店，是在昭和五十一年（一九七六年），当时距离我满三十岁还有两个月。

希望赶在三十岁前自立门户，是从我进入"天庄"习艺的那一刻起所立下的目标。我要在三十岁拥有一家属于自己的店面、四十岁前购屋置产、五十岁前打造一间文艺沙龙，供身边各类艺术创作者聚会交流。

然而，在过些时日之后，我开始对"老实说我一直想要……"的说法感到厌倦，进而改变口吻，逢人便宣誓："我

要在三十岁前开店！"我的想法是，一旦我明确地将它说出口，那么无论最后梦想有没有实现，多少总会做出一点成绩来吧？就算最后店面只有五六平方米那么一丁点大，只要勉强可以做生意，我也会努力不把机会给搞砸。但我压根不敢把事情想象得多美好。

当时的我万万没有想到，有一天，当人们提到天妇罗时就会想到"三河"。尽管我对自己的本领很有信心，但若论料理的技术，其实那时的我也不比今日的我差到哪里去。那么或许有人会问："照你的说法，那今天的你和过去究竟有什么不一样？"我的答案是——对于天妇罗所付出的"用心"有差。我在做每一道天妇罗时所投入的关注，绝对比过去要多上许多。

我刚开店的时候，拥有的技术大概只有那么五六招，几乎全都使出来了。而现在，光是面对一种天妇罗材料，我大概就能萌生出两百种至三百种不同的想法。我有自信，若要比拼创作的灵感，我是不会输给任何人的。

我每炸一道天妇罗，必然会去找出它最完美的那个平衡点来，多一分少一毫都不行。不能只是"差不多"程度，而是要追求刚刚好的那个点。必须将种种的可能性都列入考量，最后才能炸出完美的天妇罗来。为了这个目标，我赌上一切。

光说面粉好了，不管是面粉的形态、所含的水量，还是溶解时间长短、气温、使用频率等，都会导致它产生巨大的变化。就连使用的油，也会因为倒入锅中的时间和温度不同发生不同的变化。而说到鱼，更是千姿百态大不相同，每一条鱼都需要特别的对待。

　　在充满变量的条件下，我必须将各种可能性事先设想好，才能判断眼前的鱼要怎么做才能呈现最完美的状态。我如果没有事先将这些事全部设想一遍，就无法下手油炸。前面所提到的"我可以萌生出两百种至三百种不同的想法"，指的正是这样的事。

3——贯彻、传承江户前

自己创造出自己

即使我们下了这么多的苦功只为炸好一道天妇罗，但这样的用心却不便大剌剌地传达给客户了解。为什么呢？因为这样就不帅了！江户前的师傅就是有本事做到像鸭子划水般，让客人眼中的他永远是一派气定神闲的模样。

我们这么做的理由是，把自己挥汗如雨的工作模样对外曝光，对客人用餐来说是一件很扫兴的事。尤其是炸天妇罗这样的食物，你看哪个师傅不是靠单手执筷轻轻地在油面上拨弄两下就好了呢？以一个男人来说，可有比这更神气的事吗？如果不是看中这一点，我又怎么会走上江户前料理的这条路？

我不会让自己完全被繁琐的作业流程拖住，我会偶尔停下手边的工作，仔细端详眼前的事物。我不喜欢那种一味埋头苦干，只沉浸在自己的世界，完全与外界隔绝的工作态度。

　　说到底，我就是个别扭的人。正如我经常对身边的人说：
"你在日本如果有发现哪个人个性比我还别扭的，请介绍给我
认识！"因为就连我的胃，也都经常在闹脾气啊！

　　我们每个人的弱点只有自己最清楚，自然不能在外人面
前随意曝光。我们不就是为了有朝一日在社会上扬名立万，
才一路苦干实干地拼命往上爬，才有今天的成就吗？业界的
每一个人对此都深信不疑，相对便显得我特立独行，所以他
们常说："我实在是不理解'三河'老板的想法，他的所言所行
完全不按常理出牌。"然而，我就是我。

　　总归一句话，每个人都要懂得妥善地创造、经营自己。

　　天妇罗店的经营也一样，你要在乎的不只是食材的新鲜
好坏，还有使用工具的优劣、技术运用、服务人员的态度等，
这些全都要纳入管理的范围。当客人赞美你东西好吃的时候，
你就该适当地回应："谢谢，我们很用心在做。"

　　相反地，你有时候也会遭遇到客人毫不留情的比较，例
如在你面前称赞某家店的老板手艺很好，或是别家店的食材
用得比较好之类，毕竟一种米养百样人，好的坏的评价都会
有。只要你能够将接收到的，不管是正面还是负面的讯息，
全消化为于己有利的最佳形式，并将它展现出来，或者你懂
得运用你的感性，将所有可能影响的因素去芜存菁后，做一

次完美的迸发，那么此刻的你，已经具备了兵来将挡、水来
土掩的傲人气势。

普通的一天

　　我每天进店的时间是傍晚五点钟左右，白天我大多会去
二郎先生那里（"数寄屋桥次郎"）用餐。也就是说，我白天
不会在店里。通常我去二郎先生的店吃完寿司后，不是去茶
馆喝喝茶，就是到我熟识的艺术家的展览会捧捧场，然后才
会回到店里来。

　　食材的准备工作是大伙儿轮流做的。只是现在时代不同了，
处理鱼的工作几乎得提前到前一天晚上的九点钟进行才行。

　　由于江户前的渔获量很少，你必须前一天就把市场上有
什么样的鱼、数量多少、从哪里进货的等信息一次搞清楚。
多亏现在人人都有手机，船家会不会出海去捕捞，哪里有船，
哪里没有船，船家手上又有多少鱼，都可以靠一部手机搞定。

　　从我进到店里，一直到站在客人面前服务为止，我不会
再做其他额外的事。就连从我站上第一线、隔着吧台和客人
面对面的那一刻开始，也没有太多的应酬话。

对我来说，站在吧台前做料理与服务这件事，就等于是在贩售你的每一分、每一秒宝贵的空闲和呼吸。

这时有件事相对变得很重要，那就是"一尺五寸"（约四十五厘米）的距离。

一般日式料理台的宽度为一尺五寸，而厨房的砧板也同样是一尺五寸宽。原因是菜刀的长度有一尺，砧板的宽幅如果没有一尺五寸的话，切鱼的时候刀就没有可以往后拉的空间。不仅如此，一尺五寸这个神祕数字其实适用于我们生活中大大小小的事物。例如，两根卫生筷接在一起也是一尺五寸；而人握紧拳头时最前端的部位到手肘的距离差不多是一尺，因此我们用餐时的餐桌（吧台）就必须满足一尺五寸的宽幅才行。

诸如此类的种种需求经过统计下来后，便出现了一尺五寸这个最小公倍数。而这个数字在我的世界看来，就等同于日本国内最迷你的四季。这话怎么说呢？在我的世界里，春夏秋冬四季并非以三个月为单位划分，而是当我来回穿梭在各个不同的一尺五寸空间时，那分分秒秒的时间差便决定了我的四季。我该如何将它毫无保留地表现在料理上呢？我又要如何分毫不差地让客户可以感受到不同的风情？于是，一个可以同时让料理师傅和客人彼此间都享有一尺五寸余裕的料理台与吧台便应运而生。

对我来说，店里什么都可以变，就只有这个吧台是千万不能动的！毕竟我创业之初，就是从这么一个小小的吧台开始的。它甚至几度出现在我的梦里，害我在半夜都被自己突如其来的一句"天妇罗炸好啰"的呐喊声给惊醒。

在生存的压力下，我每天带着两百至三百个灵感投入基本的工作当中，等到一日忙完结束后，大伙儿早已像泄了气的皮球般筋疲力竭，只有我匆匆丢下一句"我找乐子去也！"随即消失无踪。因为我如果不适当放松，那么面对如此繁重的压力，我可能会撑不下去。

你们也许会好奇，我干吗要这么拼命呢？理由是，我希望我的人生可以过得开心。我之所以兢兢业业做好我的本职，不让别人有挑剔的地方，每天不断累积自己的实力，为的就是有朝一日可以出人头地。因为有了一定的身份地位后，我才有资格追求我喜欢的女子。我对女性是很尊重的，我总认为自己要有个女人陪在身边，我才能专注地做好我的工作。

在这段累积实力的过程中，你一旦意志松懈了，实力马上就会往下掉。唯有不断克服精神与体能上的障碍，你才有机会往上爬。只要你的地位提升了，自然有好事等着你。同样的道理，因为我满心期待可以和心爱的女人开开心心地共度一天最后的时光，所以我会格外认真地炸天妇罗，这是真心话。

学会忍耐的功夫

　　每次店里只要有年轻伙伴加入，我都会对他们说："你们可不是来学做料理的！你们要学的与鱼肉怎么处理、天妇罗怎么炸这些技术一点关系都没有，你们主要是来学忍耐的功夫。只要学会耐住性子，你就算闷声不吭，工作也会慢慢上手。"

　　我不是叫他们"要忍耐"，而是要"学会忍耐的功夫"。你一旦掌握忍耐的窍门，手上的工作自然能顺畅进行。很多年轻人就是耐不住性子，才会撑不到一两年就拍拍屁股走人。

　　我个人的职业生涯中也有过几次关键时刻，当时的我也都曾萌生辞职的念头，只不过我都告诉自己："现在先不提，明天再说！"渐渐地，我悟出一个道理，那就是忍耐。你只要忍耐一天、再一天，就可以一直持续做下去。好比新进的人通常得从打扫工作做起，为了让师傅可以在良好环境中工作，你就要打扫得特别干净；当看见师傅正在炸天妇罗时，不要等他开口要茶喝，你应该主动乖乖端过去；当他喊着要毛巾擦脸时，你应该早已在他手边摆好一条等着他；进行鱼肉的预处理也一样，你应该做到师傅还没开口，你就已经知道他下一步想要什么样的鱼。而能够做到以上事项的秘诀在于，你必须把自己的敏感度训练到和师傅同步才行。

如果你能够将师傅伺候得舒舒服服，让他工作起来很顺心的话，炸天妇罗又岂能难倒你呢？你只要稍加练习，自然能够炸得和师傅一样好。因为食物的基本做法都是相通的。

就算一开始入门得从洗碗做起，你只要每天都把碗盘洗得雪亮，师傅看了心情好，工作起来顺畅愉快，那么洗碗也算是店里很重要的一环。正如洒扫清洁是"三河"的工作项目之一，"数寄屋桥次郎"对清洁工作也是常抓不懈。

面对这样的工作内容，你要有舍我其谁的精神，设法将它做得更完美。这些看似不起眼的工作，日复一日将会累积成为你个人不可忽视的实力。而这一过程当中所凭借的，正是忍耐的功夫。

『三河』天妇罗

店家信息

地址	东京都中央区日本桥茅场町 3-4-7
电话	03-3664-9843

营业时间	11:30～13:30 ｜	周一至周五	｜中午
	17:00～21:30 ｜	周一至周五	｜晚上
	12:00～13:30 ｜	例假日	｜中午
	17:00～21:00 ｜	例假日	｜晚上

休息日	每周三

日营业时间与休息日偶有变更情形，
详情请洽各店（二〇〇九年一月）

听
早乙女哲哉
怎么说

对小野二郎的印象

我和二郎先生认识已经有二十五年的时间了，他真的是个拼命三郎。我自己是个很懒散的人，绝对没有办法做到像我父亲那样。家父令人敬佩的地方在于，对他力所能及的事绝对义无反顾。换作是我，才不愿意干呢！这就是我和父亲生存价值观不同的地方。要我做有违自己意愿的事，还要干一辈子，想想那需要有多大的毅力支撑啊！

二郎先生面对着客人，总是以他一贯的速度利落捏制着寿司。工作时的他浑身充满了律动，空气中仿佛存在着无声的节奏，只见他不断变换着完美的招式，动作之间的衔接仅余短短的空拍。以如此娴熟精准的方式所捏制出来的寿司，美味岂非皆在意料之中？所以，当你要判断食物好不好吃的时候，只要坐在吧台前以四十五度角观察一下师傅的动作，好坏立刻就可以分辨出。

对金本兼次郎的印象

我遇到"野田岩"老板（金本先生）的时候，多半他都和他的女儿在一起。每次我都是和他女儿聊天的机会比较多，因为很奇怪的是，"野田岩"老板只要和他的女儿在一起，就变得不爱开口。

我偶尔会去他的店，不过他本人可能不太知道，因为我不会刻意去和他打招呼。

我头一回去"野田岩"用餐大约是在二十年前吧！当时，由《商业界杂志》出面号召，组成了一个以餐饮企业为会员的组织，称为"塘鹅俱乐部"，"野田岩"就是其中一个会员，而当时的我，是应杂志社的邀请专程去演讲。讲座结束后不久，我便亲自登门拜访。

以前，我对金本先生的印象一直就是个感觉正经八百、不苟言笑的传统料理师傅，不过这次的对谈（请参阅第 4 章）令我对他的印象大大改观，没想到他本人很健谈，表达也十分流畅，真把我吓了一大跳。

一问一答

早乙女哲哉 / 以相同的问题询问三位大师

一 何谓"粋"？　　　就是要能吃苦耐劳。

二 何谓"料理"？　　简单说，就是男人的工作。

三 何谓"一流"？　　把看似理所当然的事做到真正地完美。

四 何谓"流派"？　　就是一种美学。

五 您如果没有成为厨师的话，会想从事哪一行？

什么也不干，成天吃喝玩乐。

六 您的励志铭是什么？

我不太喜欢的一句话是"努力"。

七 您有特别迷信什么吗？

没有。

八 假设明天就是世界末日的话，您最后的晚餐想吃什么？

只要有美人相伴，吃什么都好。

第

◆4◆

章

三位大师对谈

『数寄屋桥次郎』寿司　　◇ 小野二郎

『野田岩』鳗鱼　　◇ 金本兼次郎

『三河』天妇罗　　◇ 早乙女哲哉

美食评论家　　山本益博

政策研究大学院大学　　小松正之

这次对谈邀请到有"江户前三大料理巨匠"之称的小野二郎、金本兼次郎、早乙女哲战三位大师共聚一堂，为我们展开一场别开生面的精彩对谈。

另外，还有小松正之教授与美食评论家山本益博先生两位专家的参与，他们将针对江户前料理的来龙去脉，以及身为江户前料理传人该具备的精神与态度等，为大家做深入的分析解说。

※ 本章乃针对平成二十年（二〇〇八年）一月
于日本新宿调理师专门学校所举办的座谈会
内容，重新汇编发行的版本。

由江户前独特鱼种孕育而生的
江户前料理

小野二郎———以下简称为小野　　　　山本益博———以下简称为山本
金本兼次郎——以下简称为金本　　　　小松正之———以下简称为小松
早乙女哲哉——以下简称为早乙女

小松

很难得江户前三大料理的国宝级大师可以齐聚一堂。"江户前"所指的究竟是什么地方？

小野

大家都听过江户前料理，而说到"江户前"，指的其实是过去在江户这一带的海域捕捞到的鱼。

小松

简单来说，"江户前"其实代表着多种意思，其一便是指江户这一带的海域，或是在这一带所捕捞到的海产。这里所说的江户，指的就是"江户城"，而它所面对的海域就称为"江户前海域"，而在那里所捕到的鱼就称为"江户前的鱼货"。

不过现在，大家都把整个东京湾划归为"江户前海域"。以前，在东京湾可以捕捞到各式各样的海产，像小野先生店里所使用的小鳀鱼、横滨拟鲽[1]，以及各种贝类等。

金本

鳗鱼也是其中的一种。在东京湾捕获的正统江户前鳗鱼，可说是我们最自豪的菜。东京人在口味上也确实比较偏好自家地盘所捕捉到的江户前鳗鱼，或者是从台场近海捕捞到的鳗鱼。

山本

听说"江户前"一词的由来，是从鳗鱼料理开始的？

小松

过去几条连接江户前海域的河川，例如多摩川、江户川、隅田川、中川等，很容易捕到野生的鳗鱼。在深川[2]一地，有条河叫作"小名木川"，地方上所流传的一个说法指出，这

---

1 横滨拟鲽：学名 pseudopleuronectes yokohamae，日文叫作"真子鲽"，为辐鳍鱼纲鲽形目鲽亚目鲽科拟鲽属的鱼类，俗名"黄盖""黄盖鲽"。分布于中国、朝鲜、日本沿海。
2 深川：位于东京都江东区靠西北部，江户时代曾作为木材集散地和贮木场繁盛一时。境内知名的富冈八幡宫每三年举办一次的凤辇神轿绕境活动，被誉为"江户三大祭典"之一。

"江户前"一词的出现，
最早是用来形容"江户前鳗鱼"。

个名字其实源自于过去这条河盛产鳗鱼，所以取名为"鳗川"（UNAGI KAWA），但因为有乡音的关系，后来人们便讹传为"ONAGI KAWA"，也就成了"小名木川"。

位于江户地区的这些河川，栖息着许许多多从太平洋上溯而来的鳗鱼，因为河川内的食物够丰裕，便使得它们在这里落地生根。而等到长得够大了，渔夫便将它们捞起卖给商家，以江户前鳗鱼为号召做成的菜肴，据说就是"江户前"一词的由来。

金本

相对于"江户前"的称呼，另外有一批鳗鱼是在所谓"江户后"，也就是江户城北侧与利根川一带所捕捉到的，为了以示区别，这些鳗鱼就被称作"外来鳗"或"旅鳗"。有别于江户前鳗鱼的大受欢迎，这些旅鳗在市场上的反应冷淡。由此可见，江户前的鳗鱼有多么炙手可热了。

小松

实际上，在江户前所捕捞到的鱼，包括代表性的鳗鱼，均十分美味，这和东京湾多河川有关。总共有多达六十条河川同时注入东京湾，这些河川为海洋带来许多的天然养分，有助于鱼类的生长，使得鱼肉含有丰富的油脂。江户前鳗鱼就是很典型的例子。

金本

所以用江户前鳗鱼做料理时才会有"蒸"这道工序。因为它的脂肪较多，不容易入口，必须经过"蒸"这道工序去掉它多余的油脂。即使是同样品种的本土鳗，例如濑户内海产的鳗鱼，它的口感就很清爽。我想，这也是为什么关西的蒲烧鳗就没有"蒸"的这道工序的原因吧！

小松

正因为各地鳗鱼的脂肪含量不同，所以江户前才会产生出一套有别于关西做法、属于自己独有的料理法。

而除了鳗鱼以外，对于其他鱼种，其实江户前也都有蛮不错的料理法？

山本

把小鳍鱼做成寿司就是一个最好的例子。

小野

小鳍鱼这种鱼不管是煮、烤还是生吃，味道其实都不怎么样，但是经过专业寿司师傅的巧手，它可以完全脱胎换骨，变身成为美味的佳肴。

山本

您说的没错。小鳍鱼一旦用盐巴和醋稍微腌过，就会变得非常好吃。不但如此，搭配醋饭做成握寿司，味道更是一

小鳍鱼可以和鲔鱼
并列为寿司界的两大横纲。

绝！我想，在各类的寿司当中，小鳜鱼应该可以和鲔鱼并列为寿司界的两大横纲吧！

小松

　　江户前盛产味道清新、口感不错的白肉鱼，这些鱼搭配面衣来吃尤其适合。据说也是因为如此，江户地区才会发展出天妇罗这种有别于关西的糁薯[1]和素炸（不裹面皮，光油炸）的做法，并且发扬光大，成为江户前料理的一大代表。

鳗鱼和天妇罗的银宝鱼——
因为是江户前所以才会有如此美味的鱼

早乙女

　　或许也是因为如此，光就天妇罗来说，不是江户前的鱼，味道还真的是会差一大截。很多种鱼非得是从东京湾捕捞来的才会好吃。

小松

　　这是什么原因呢？

---

1 糁薯：将鱼肉磨碎拌入山芋泥一起蒸熟的食品。有时候也会加入鸡肉或蟹肉。

早乙女

正如您先前提到的，因为流入东京湾的河川特别多，加上海湾又比较深的关系。像东京湾这样的深度不会产生太大的波浪，整片海域风平浪静，维持在稳定的状态，如此一来，鱼的骨骼就不会发展得过于粗大，皮也不会太厚。

小松

鱼肉就会长得特别肥嫩？

山本

早乙女先生形容得好像早期我们养小孩的标准喔！

早乙女

没错啊，江户前的鱼的确是在优质环境下长大的，有如贵公子般的出身。

小松

金本先生，我想请教的是，现在江户前出产的鳗鱼质量还有这么好吗？

金本

现在因为浦安一地也还有渔夫专门在抓鳗鱼，我们都是到那里去采买。不过，每到吹南风的季节，东京湾这儿就会有上等的鳗鱼出现。原因是当海风从南边吹来时，浪会变大，鳗鱼都知道这一带会比较容易找得到吃的，自然就会纷纷从近海朝湾内游过来。这时候捕抓到的鳗鱼不仅比较肥美，还带有古早时代的那种浓厚的香气。对此，家父就曾经表示过："江户前的鳗鱼做成蒲烧，会比外来鳗所花的时间短，当店里生意忙不过来的时候，这就成了一大优点。"关于这一点，我想是因为旅鳗的肉质比较难伺候，以致加工起来特别费工。就好比在业界大家都知道"羽田捕到的鳗鱼不会好到哪儿去"，我们是能避就避，敬而远之！

小松

那么像千叶出产的鳗鱼呢？质量更糟吗？

金本

千叶的木更津和姉崎一带出产的鳗鱼头比较大，又没有什么脂肪，质量不算好。我们只要一听到是姉崎来的，立刻就会拒绝。

相反地，自古即流传着一种说法，那就是从台场到东京湾（靠近深川一带）所抓到的鳗鱼口感特别丰富，保证你每一口吃到的滋味都不同。吹南风的季节一到，就是新鲜上等鳗鱼进货的时刻了，从过去到现在一直都没有改变，可见近海还是有很好的鳗鱼在那里活蹦乱跳地等着啊！我常常想不透，这些鳗鱼平常到底都住在哪儿呀？

每到南风吹起的季节，
东京湾就会有上等的鳗鱼游进来。

山本

的确！有关鳗鱼的生态一直是个"谜"。

小松

另外还有一种鱼和鳗鱼长得很相似，那就是银宝鱼 [1]。在江户前的天妇罗食材里，银宝鱼算是蛮常见的一道料理。

山本

银宝鱼有点像是体形较短的虎鳗 [2]（海鳗），乍看之下它的外形很诡异。

小松

没错，光看它的外观很难引起食欲。

早乙女

银宝鱼的鱼刺特别多，不管是炖煮还是烧烤，大家一直不爱吃，不过做成蒲烧倒是意外地受欢迎。

---

1 银宝鱼：学名 pholis nebulosa，中文正式名称为"云斑锦鳚"。体形细长，有时可达到三十厘米；腹鳍小到不易辨识，有明显的尾鳍，包括头部在内，全身均覆盖着一层鱼鳞。习惯栖息在藻类生长或岩礁地区的浅水海域。

2 虎鳗：学名 gymnothorax kidako，中文正式名称为"蠕纹裸胸鳝"，俗称"钱鳗"。体长呈圆柱形，尾部侧扁，上、下颌尖长，略呈钩状。鱼体底色为黄或褐色，周身环绕许多如树枝状蠕动的暗褐色条纹。主要栖息于亚潮带珊瑚岩礁海域，多分布在西北太平洋区，自日本南部海域至菲律宾等地。

小松

我以前在高知县的足摺岬，曾经看过有人把晒干的银宝鱼拿来稍微烘烤一下再吃，不过我还是觉得银宝鱼比较适合做成天妇罗。炸成天妇罗的时候，口感特别松软绵密，非常好吃！堪称江户前天妇罗所有食材里的至尊。

早乙女

是的。天妇罗的做法可以把银宝鱼的鱼刺炸酥，这样我们还能够品尝到它骨头的香气。加上银宝鱼的鱼肉本身带有一股海味，尝起来有点类似海藻的味道……除了银宝鱼之外，你还真的找不到别的鱼带有它这种独特的香气。

以前就有客人特别偏好银宝鱼的味道，每次来一点就是七条八条的，除了银宝鱼也不点别的，吃饱后简单一句"谢谢招待！"就拍拍屁股走人。所以说，银宝鱼真的是江户前天妇罗的代表名鱼。

小松

银宝鱼的盛产季节是什么时候？

早乙女

从四月底到六月初。一旦错过这个时节，市场上的银宝鱼马上就变得很瘦，没什么肉。

小松

算是春季限定的鱼吗？

山本

近来可以吃到银宝鱼的店家愈来愈少了。

早乙女

那是因为银宝鱼的骨头又粗又硬，懂得加工它的天妇罗师傅已经不像过去那么多了。

山本

听说现在已经没什么人要抓银宝鱼了？

早乙女

现在市场上的银宝鱼都是渔夫在抓星鳗时无意捞到的。因为就算他们愿意特别出海去抓银宝鱼，一次也只能抓到三四千克左右，更何况一年当中能抓到的天数也只有二十天左右！为了这点小小的利润出海是很不划算的。

山本

即使是当令时节，也不一定保证抓得到？

早乙女

尤其是江户前的银宝鱼，就算是产季，大概也要相隔三到四天才能捕到一次。

改变中的江户前鱼类

山本

　　像银宝鱼这类江户前特有的鱼种，现在的数量愈来愈少了。这使得这些专门制作江户前料理的店家在筹备食材方面变得更加辛苦。

小松

　　前些日子在品川的水族馆听人说，东京湾包含非食用的品种在内，总共大约有两百种不同的鱼类，而它们的总产量加起来大概有五万吨左右，比起昭和三十年代（一九五〇年代）的十五万吨，现在只剩下区区的三分之一而已。

山本

　　各位所经营的餐厅是否也感受到这股压力了？

早乙女

　　适合做成天妇罗的鱼种大致上在东京湾都还捕捞得到，江户前的食材大概占我们进货的八成左右。

山本

　　那么鳗鱼的状况如何？

金本

　　平成十八年（二〇〇六年）的时候，江户前出产的野生

天妇罗的食材当中
有八成来自江户前。

鳗鱼数量很少，到了平成十九年（二〇〇七年）又突然暴增，采购一趟平均可以带回五十千克左右，最多的时候也曾买到一百千克！所以我猜，去年抓到的鳗鱼应该有一吨以上吧？

小松

应该有很多人都不敢相信现在东京湾还可以捕到天然的鳗鱼吧？

山本

确实现在很多商家都是使用养殖鳗，没有吃过天然鳗鱼的人还不少！就连金本先生的店也不是想要野生鳗就一定买得到，对吧？

金本

确实如此。天然鳗鱼的数量已经在锐减当中，鳗鱼的质量也没有以往来得好，不知道是不是现在河川里鳗鱼可以吃的饵料愈来愈少了，不只是江户前，几乎各地的鳗鱼都缺乏油脂，非常瘦。

从前，我们不管是做白烧鳗还是蒲烧鳗，两百至两百五十公克的分量对客人来说是最恰当的，不过现在，同等重量的鳗鱼却嫌油脂不够多。如果想要做到像以前那样的肥瘦比例，就得用到五百至六百克的大尾鳗鱼才行。

山本

这么说起来，不只鳗鱼的数量减少，就连质量也变差了？那么，小野先生这边的状况又是如何呢？

小野

说到一整年都抓得到的江户前食材，大概就是星鳗了吧！另外还有紫菜。东京湾所培育出来的江户前紫菜，味道特别香。

山本

明虾呢？

小野

明虾有的时候有，有时候没有，要看季节，冬天比较容易捕捉到。其他地方的明虾通常都会冬眠，但东京湾的明虾没有这个习性。

早乙女

如果是指小野先生店里面供应的那种江户前出产的特大号明虾，还真的只有冬天才会有呢！

山本

什么时候的明虾最好吃？

小野

我想是四月份左右。

严选食材，江户前职人的工作

山本

比起早乙女先生光靠东京湾捕到的江户前鱼种，就能支撑天妇罗八成的食材，寿司店能派上用场的实在不多吧？

小野

江户前的食材大概只占两成。

小松

可是，听说从江户时代开始，鱼河岸就已经贩卖房总及相模湾来的渔获啊，毕竟江户前也不是什么鱼都有，例如鲷鱼、鲔鱼、鲍鱼和龙虾之类，自古以来东京湾几乎都捕捞不到这些海产。

山本

鲣鱼也是。

小野

没错，鲣鱼在东京湾也是一尾难求。

小松

表面上说是江户前的鱼货，事实上从江户时代开始，本地缺乏的海产就已经慢慢习惯从外地购进了。

小野

鱼河岸本来就是全国渔获的集散地，因为我们这些江户前的料理师傅全都是在那儿寻找适合的食材来制作江户前料理。以我的店来说，采购时一定先跑鱼河岸（筑地市场），看看那里有什么质量较好的天然食材。

小松

其实重点是挑好的食材，而不一定得是江户前出产的，对吗？

小野

没错。好比横滨拟鲽，东京湾也有，但我们有时候也会采用来自福岛或茨城县常磐出产的渔获。明眼人一看就知道，常磐的横滨拟鲽不管是肉质的甘甜还是油脂分布都比较好。

小松

小野先生店里使用的鲍鱼都是来自房总的大原？我是东北出身，很好奇您为什么不用北海道的虾夷鲍鱼？虾夷鲍和大原鲍有什么样的差异呢？

将食材制作成江户前料理，
这就是我们的工作。

小野

大原虽然也出产黑鲍鱼，不过本店用的都是有"枇杷螺"[1]之称的鲍鱼。顾名思义，它的外观颜色就像枇杷一样偏橘红。

至于我为什么不用黑鲍鱼，是因为黑鲍鱼的肉质比较坚韧，就算蒸得再久也都很难变软。而虾夷鲍则很接近黑鲍鱼的口感，不像枇杷螺一蒸就软化了，香气也会立刻跑出来。站在寿司师傅的立场，当然会选择比较好用的枇杷螺啊！

小松

您刚刚提到店里只用枇杷螺，那么当枇杷螺缺货的时候，会用黑鲍鱼来替代吗？

小野

不会。我会视季节而定，当真正需要鲍鱼的时候，我就会挑质量上比较接近枇杷螺的食材来取代，例如我们有时候也会采用大原附近的岩和田所出产的鲍鱼。

山本

早乙女先生的店除了江户前的海产外，还采用了哪些外地的食材呢？

---

1 枇杷螺：枇杷螺属，因贝壳外形酷似枇杷或胡瓜，故俗称"枇杷螺"或"胡瓜螺"。壳表有如布纹，上面还带有褐色的不规则花纹。属于底栖性贝类，以海底腐质的有机物为食。

早乙女

像是银鱼。以前我总说我只用佃岛产的银鱼，不过现在当地几乎都捕捞不到了，只好退而求其次，选择质量排名第二的宫城县松岛产的银鱼。

山本

事实上，我昨天才刚去"三河"吃过天妇罗呢！不知道我昨天吃的银鱼是哪里来的？

早乙女

岛根的宍道湖[1]。

山本

是宍道湖产的啊！我还在想，这个季节怎么可能吃得到银鱼呢？

早乙女

一般来说，银鱼都是从二月底左右才开始在市场上出现，不过宍道湖出产的在一月中旬后就有了。当我遇到大眼牛尾鱼缺货的时候，偶尔就会拿宍道湖的银鱼来替代。

你昨天吃到的银鱼，在我的店里大概占了食材五成的比

---

1 宍（ròu）道湖：东京都中央区的地名。昔日为一突出隅田川河口的独立小岛，江户时代初期，因摄津国佃（即现在的大阪府西淀川区）当地的渔民大量迁居至此，遂有其地名。

例。你如果吃到三月底左右的银鱼，它的美味才真正会教人心都融化了！它的鲜味可以强烈到隐约让人觉得发呛。我真希望有机会可以让你在当季的时候好好再来品尝一次银鱼。

山本

我本来以为银鱼的味道会很清淡，没想到炸成天妇罗之后，味道竟然变得这么突出，真的让我惊异不已！

早乙女

除了银鱼之外，像是干贝，我也会用东京湾以外产地的货。

其实，江户前海域原本是以出产干贝闻名，例如江户前的青柳贝可说是无人不知无人不晓，只不过现在因为捕捞过于频繁，贝类都来不及长大，导致即使肉质还算鲜美，但是口感和香气就是差了一截。比起江户前的干贝质量，现在北海道出产的反而比较好，而说到价格方面，北海道干贝的身价更是江户前干贝的四倍。

所以，就算不是江户前出产的渔获，只要其他地方渔获的质量够好的话，我们也很乐意采用。在挑选食材方面，我们的态度是很专业严谨的，这也正是从事江户前料理该有的精神。

坚持严选食材，
正是江户前的精神。

小松

然后，你们就把精挑细选来的食材制作成符合江户前标准的料理了。

山本

以寿司为例，我们会要求醋饭和上面鱼贝类材料的结合，在口味上必须完美地融合为一体。另外，从寿司的侧面来看，外形必须捏制得像扇子展开时的那般形状才行。如果醋饭上面的鱼片呈现出瘫软无力的状态，就像一条和服的带子垂在那儿一样，这样是不及格的。而这也正是江户前寿司师傅的功课之一。

小野

没错。除了您所提到的手技外，像是用盐或醋来腌渍小鳜鱼，或是将鲔鱼泡在酱油调制的佐料里，这些都可以说是江户前料理的功课。通过这些前置作业，我们才能够把海鲜食材的美味提炼出来，同时强化它和醋饭的兼容性。

山本

说起来，各位要做的细微功夫还真不少呢！光看你们的正常作业流程，应该就不难体会"原来江户前的精神就在这儿啊！"。就像我们形容一个人是男子汉大丈夫、顶天立地，或者像"御点前"这种用来形容茶道的技艺、手法的字眼一般，

"江户前"一词，不也代表着某种流派或者风格吗？

早乙女

　　您说的没错。我们有时候面对一些人也会不由得说出"你是江户前的吧"这样的话来。"江户前"一词，实在不仅仅是指那一片海域，或者烹饪的手法而已。

　　对我个人来说，所谓的"江户前"，比较趋近于形容料理人的志气。就像我经常挂在嘴边的："不服气吗？难道你可以做到像我这么出色又刻苦耐劳？"做料理的人就是要有这样的自信和魄力，因为这会反映在你的工作上，并且在无形当中让你更具备江户前料理人的风范。

金本

　　从小，父亲便时常告诫我："你是江户之子。身为江户人，就是要能忍。"这句话已经根深蒂固成为我的观念了，即使到今天我已经八十岁了，只要我碰到人生当中过不去的难关，总会提醒自己："我可是江户之子啊！我一定可以熬过去的。"这句话也真的帮助我渡过许多难关。

山本

　　如同各位所形容的，像这样带有正能量的强大抗压性，也就是一个人做人处事的行为准则和风范，正是"江户前"的精神所在。连带地，这套准则也会随着当事人反映在他所从事的江户前工作及料理上。

能持续这份工作的健康法

山本

金本先生在平成十九年（二〇〇七年）已获选为日本"现代名匠"。

小松

所谓"现代名匠"，是由日本厚生劳动省每年针对专业技职人员，遴选出在各个领域特具卓越表现者所颁发的一项荣耀。

山本

金本先生拿到这个奖比较像是迟来的荣耀，毕竟不该等到他八十岁了才颁发给他。

早乙女

等这个奖真的是等太久了！

山本

的确。就连小野先生也是到了八十岁才入选"现代名匠"之列，怎么说都嫌太晚。一个人工作的巅峰时期在六十岁上下，国家应该在这个时候就给予表扬才对。

早乙女

要活到八十岁可不是件容易的事（笑）。

小松

不过早乙女先生好像都说自己会活到一百三十岁吧？

早乙女

是啊，而且我还会在自己的岗位上继续工作。

山本

是吗？到了那个年纪，若还能够继续坚守在岗位上，还真不简单呢！像小野先生、金本先生也是，别的不说，光就已经八十高龄还亲上第一线服务，就值得我们佩服了。

关于小野先生，之前身边的人总爱问我一句话："都已经拿到米其林三星认证了，他还每天到店里吗？"几乎每个人听到我的答案"他还是每天从早忙到晚喔！"都感到无比惊讶。

实际上，如果有人在接近中午十一点半的时候没有预约就跑来，作为当天的第一位顾客，小野先生仍然会专门帮他捏制个人份的寿司。就连小野先生入选"现代名匠"之列、在明治纪念馆接受公开表扬的那天晚上，他还是如同往常回到店里面继续他的工作，这实在是不可思议。

小野

既然我还在线工作，就该尽我的本分，如此而已。

只要能用快乐的心情投入工作，
身体自然健康。

小松

像小野先生这样始终都站在第一线服务，身体健康相对就变得很重要了，请问您平常如何保养身体呢？

小野

只要保持工作愉快，身体自然就健康。这一点是最重要的！要发自内心喜爱自己的工作，每天都可以很愉快地投入其中，人就不容易生病。

小松

正是如此。那么，金本先生保持健康的方法又是什么呢？

金本

我养成了走路的习惯。

以前打仗的时候，我大概十五六岁，为了逃难，曾经和住在上野的一位叔父辈的亲戚一起用走路的方式走到千叶的大网。记得当时我们是在晚间十点钟出发，一直走到第二天中午，大约总共走了四十公里路。接着，我们在千叶县厅前的广场小睡一小时后，又继续走了大约二十公里路，才终于抵达大网。那次的亲身体验几乎已经成为我个人的一个标准，只要我想走路的时候，总是不自觉地会愈走愈远。

因此，长年来我有个习惯，那就是会选在元旦这天用走路的方式往来镰仓、片濑两地，然后经过北镰仓来到大船，全程二十二至二十三公里。以前，我也曾经从东京一路走到横滨。走路对我来说，是保持健康最好的方法。

诚如刚刚小野先生提到的，热爱你的工作很重要，那也是保持一个人身心健康的基础。我自己也是到了快满八十岁的时候，才突然转念，希望可以一路做下去。所以当我今年除夕夜听到钟响的那一刻，内心突然感到无比雀跃："我也已经八十岁了！好，就这么跟它拼了吧！"我打算用崭新的心情去面对工作，好好努力。

小松

小野先生好像也会从中野新桥走到新宿？

小野

我一天会走一万步。今天因为日程比较忙，到目前为止，只走了五千三百步。

快乐工作，身体自然健康

小松

大约是平常走的一半。

小野

对，回程我打算走回去，这样应该就有一万步了。

小松

听说，早乙女先生从昭和三十七年（一九六二年）的十月份开始直到现在，长达四十五年来都没有生过病，请问您身体保健的秘诀是什么？

早乙女

因为我是最不正经的一个（笑）。我吃东西不考虑营不营养，还很偏食，加上我长年过夜生活，几乎没怎么在睡觉……别人视为禁忌的事我全干了，但我就是活得健健康康的。

小松

总而言之，您就是过自己想过的生活、保持开心就对了？

早乙女

可以这么说。

从现在开始培育料理人

小松

在座各位都是长年坚守在第一线服务的专业料理师傅，想必这么多年来应该也培养了不少优秀的后辈厨师。培育人才是一件很费心的事，尤其现在对年轻一代的教育方式已经不同以往。

金本

的确如此。以前我曾经看过一篇文章，是由其间饭店的高层管理人士所写的，他提到"现在的年轻人既缺乏体力，又欠缺良好的工作精神，过去我们所说的'打铁要趁热'的观念，根本不适用于他们"。

他的话一点儿也没错！你如果把那些刚高中毕业没多久的孩子立刻丢到就业市场去，让他们去和别人厮杀，只会换来辞职不干的后果。那么他们好不容易立下志愿、才刚刚投入工作，马上就面临挫折导致半途而废，想想也未免太可怜。在座的各位都有意愿要好好培育接班的人才，那么我们是不是要仔细思考一下，究竟该怎么做会比较好？

例如，我们是不是不要一开始就把他们逼得太紧，先尝试着让他们适应环境及工作氛围，等到他们比较稳定之后，再针对工作的内容有系统地一一传授？

小松

像小野先生的店，由公子祯一先生领导，每个成员看起来都活力十足、充满了干劲，就连脸上的表情也十分投入。

小野

现在在我店里工作的这群伙伴确实是如此，不过刚加入的人就不见得了，做不下去的人其实也不少。因为新进的员工在工作内容上是最低阶的，自然不可能和现在一线的同事做同样性质的工作，更不可能是比他们的困难度还要高的。

这么一来，他们往往就会丢下一句："这份工作不适合我，我想离职！"他们也不想想，刚刚从学校毕业走入社会，哪来"适合你"的工作啊？应该是你去"适应工作"吧？但是我就遇过才来学习三天，就把"辞呈"丢在我桌上的情形。才三天！

小松

现在的年轻人是真的在体力、意志力方面都不行吗？

小野

没错。不光是他们的体能不足、意志力薄弱，就连思考逻辑也和我们以前很不一样。

我经常接到年轻人的求职电话，拜托我任用他们，其中还有人说："您如果愿意雇用我，请先让我试吃您做的寿司。"听到这句话，我只能用目瞪口呆来形容，这就好比你要拜师进入某人的门下学习，却对他说"你先喂饱我之后再用我"。我想，这已经不是我个人的问题，只要是有一定岁数的人，任谁听了都会火冒三丈。可是，现在的年轻人好像多数都抱持着这样的想法？不过我的店是不可能雇用这样的人的。

小松

这么说来，现在在贵宝号工作的这群人都已经待了很长一段时间了？那真的可以算是市面上少见的人才了。

小野

愿意以最卑微的角色进入本店实习、然后辛苦熬过这个阶段的人，才是真正具有实力的人。不过，因为我的作风真的很严厉，所以还是有不少人以"工作不适合"为由提出辞职。

金本

哪像我们过去那个年代，每个人从就业的那一刻起便认定那份工作就是自己的天职。由于是老天爷赏饭给你吃，所以才叫作"天职"。我们会努力去适应那份工作，并设法让它内化成为我们的一部分。

现在的年轻人却动辄以"我做不来""这份工作不适合我"作为借口辞职不干，我实在搞不懂，他们到底是凭哪一点可以如此断定呢？

小野

可想而知，现在的年轻人读书时都被父母亲照顾得太好了，早上起床棉被也不叠就直接上学去，放学回到家立刻就

我们所选择的行业，
乃是老天爷赏赐给我们的天职。

有饭吃，连收拾碗筷也是母亲的事。就算已经走入社会工作了，还在幻想可以过和从前一样的生活，如果有这么好的地方，麻烦介绍我去（笑）！

小松

那么，早乙女先生的店情形又是如何的呢？我看你们年轻的工作人员工作也都很勤快，他们也是少数留下来的精英吗？

早乙女

就我来看，与其说这些年轻人上门来是为拜师学艺，不如说"是他们挑中我"。换句话说，他们才是主考官！当他们经过各式各样的厨师面试之后，终于选上我，于是千里迢迢跑来。所以，那些小子刚进店里实习时，我都会告诉他们："因为你是最后一个才挑中我的，本来就应该从最基层的工作做起。"也不知道是不是这个观念奏效，那些孩子进了我的店里后，通常一待就是很多年。

小松

这样想似乎也没错。那么在工作方面，又是如何指导他们的呢？

早乙女

我总是会对新进员工说："你不是来学习怎么炸天妇罗的，

而是来学忍耐的功夫。你只要学会忍耐，工作自然而然就会上手。"只要他们有办法在我的店里待上一年、两年，甚至三年，能学会的自然不会少。

看见我正在炸天妇罗的时候，就要能够掌握时机为客人送上萝卜泥；感觉客人似乎要准备起身离开了，就应该立刻送上茶水和毛巾。这些动作看似细微，却都非常重要。只要他们能够像这样配合我的节奏做好助手的工作，无形当中自然就能掌握炸天妇罗的程序，这就等于你已经学会了所有该学的东西。不管是片鱼的刀法还是油炸的技巧，凡是你肉眼看得到的技术，其实只要花两三个月的时间密集练习一下就会了。关键在于，在你学会掌握工作的节奏之前，你能够忍耐几年？

所以我都会先把丑话说在前头："你来到这里，要学的是忍耐的功夫。"当你明白把话告诉他们之后，他们反而都可以做很久。

小松

各位真的是花了很多心思在培育年轻人呢！

山本

只希望我们的年轻一辈可以迅速衔接上来！毕竟在座各位的功夫如果后继无人的话，可是很严重的一件事。我们今天之所以能够随心所欲地品尝到江户前料理，不也是包含在座三位大师在内的专业料理师傅们，克尽其职地守住前人所传承的技术，并加以发扬光大后的结果吗？这番专业的技术以及对料理所投注的感情，如果不能顺利传承给下一代……

小松

说不定有一天，江户前料理将会失传，我们的后代子孙就再也吃不到了！

山本

您说的没错。所以我很盼望年轻一辈中赶快出现一些有潜力的人才，好让我们安心。

另外，身为顾客的一方，对于自己所吃的料理和做料理的厨师，也应该怀抱着更多的敬意。每次我用餐的时候，都会像进行一场重要仪式般地提醒自己：我不是要"吃美味的食物"，而是要"吃出食物的美味"。

我之所以会养成这样的心态，也是受到包括在座三位大师在内的一些专业厨师的影响。真正一流的厨师还有一项能耐，那就是具备培养"老饕"的实力。而这些被培养出来的老饕级食客，有义务再把他们从前辈身上学习到的知识和经验传授给年轻辈的厨师，帮他们在精进厨艺的道路上再助推一把。这也是我对自己的期许。

小松

最后我想请教的是，各位大师对于我们年轻人，尤其是有志成为一名厨师的人，有没有什么特别的话要提醒？

金本

就像我偶尔会喝点葡萄酒一样，谈到饮食，除了包含着"历史"与"传统"之外，其实还带有"浪漫"的成分。我在面对工作的时候，内心始终牢记着这三项要点。无论是未来有志成为一名厨师的人，还是现在正是学徒的人，我希望你们不只是单纯学会做料理，更要培养出自己的一套独特观点来面对你的工作。

小野

我除了奉劝他们"努力"之外，没有别的话。既然是自己选择的行业，就要好好地努力向上提升自己。

早乙女

我想说的话很多，首先我要说的是，希望大家下次拿起筷子吃饭的时候，可以很专注地、把它当作一件重要的事来进行。

吃饭时筷子要用得巧，是需要一定程度的想象力的。毕竟食物的外形千奇百怪，既有小小一颗如芝麻粒，又有像豆腐这样软绵绵的东西，有重的、有圆的、有三角形的……不

身为顾客，对于你所吃的料理和为你做料理的厨师应该怀抱敬意。

一而足。当我们用筷子吃饭的时候，如果你对眼前的食物没有足够的认识，你的筷子就会夹不住它。所以，当你下次准备用筷子吃饭的时候，请先好好端详一下你眼前的食物，然后发挥你的想象力去对待它。

换句话说，也等于是用你的眼睛去享受食物，正所谓"大饱眼福"。让我们先用眼睛去品味，然后再用舌头实际去品尝，通过这样的步骤来进一步确认我们先前对食物的印象与实际入口的感觉是否有落差。

放眼世界，一天固定要吃上三餐的人群并不多，日本人便是其中之一。既然如此，我们岂能餐餐敷衍了事，而不重视我们眼前的食物呢？

山本

如果没有懂得享受美食的知音，这些美味的料理也就失去存在的意义。因此，希望大家拼命存钱之余，也要懂得享受人生，尽可能地大饱口福。毕竟有人愿意吃自己做的东西，绝对是激发厨师们创作出更美味食物的动力来源啊！

小松

也就是说，如果你的志愿是成为一名厨师的话，为了品尝美食，建议你先去"数寄屋桥次郎""野田岩"和"三河"考察取经才行。

江户前料理

政策研究大学院大学

小松正之

1——什么是"江户前"?

江户城前面的海就是"江户前"

一听到"江户前"这个词，通常大家联想到的，便是江户前寿司或是江户前天妇罗了。但你若深入问对方："究竟何谓'江户前'?"往往没有几个人能答得出来。

"江户前"这个名词究竟代表着什么样的意义？如果我们查阅《广辞苑》[1]（第五版），你会得到这样的解答——"芝、品川一带隶属'江户前方海域'的总称。此名词的出现始于人们在品尝本地所捕获的鱼鲜时，习以江户前出产为名来称之……"。因此我们便了解到，往后只要提到"江户前"这三个字，代表的就是江户的这片海域。

1　《广辞苑》：为日本知名的国语辞典，由岩波书店发行，与三省堂所出版的《大辞林》并列为日本两大辞典。相较于《大辞林》着重现代词汇与外来语的解释，《广辞苑》则收录了大量的日本古文和方言。

　　而这里所说的江户，指的就是"江户城"；而江户城前方的海域，具体来说，即为西到多摩川河口、东到中川与旧江户川两条河汇流之处，如此圈起来的范围正是我们所谓的"江户前"，或称为"江户前海域"。

　　在这片江户城前方海域里栖息着各式各样的鱼虾贝类，特以新鲜美味闻名，使得"江户前鱼获"倍受消费大众的喜爱。例如，江户前的鲽鱼、佃岛的银鱼、芝所盛产的虾、深川的文蛤和干贝、浅草的紫菜等，皆为家喻户晓的地方特产。除此之外，采用这些江户前海产所制作出来的寿司、鳗鱼和天妇罗，也以江户前料理之姿风靡大众，继而流传至今日，依旧方兴未艾。

现在的江户前是东京湾

　　过去我们称为江户前的这片海域，后来被广泛填平成为海埔新生地开发利用，导致昔日记忆中的风华不再。当然，鱼虾贝类也几乎捕捞不到了。随着类似的环境变迁，"江户前"这个名词所代表的意义自然也和过去有所差异。

　　现代人多数会把东京湾定义为江户前海域，而在东京湾所捕到的鱼就归类为江户前的鱼获。就连日本水产厅所设立的"丰饶东京湾再生检讨委员会、饮食文化分科会"也含蓄地对外表示，"将三浦半岛的剑崎和房总半岛的洲崎两点连接起来的内侧范围，也就是整个东京湾，皆可视为江户前"这样的定义是很恰当的。虽然算不上什么正式的定论，不过一般说来，把东京湾所捕到的鱼视为江户前的渔货并没有错。

　　问题是，海埔新生地的开发及周遭环境的变动等种种因素，导致东京湾的渔获量已呈现逐年下降的危机。相较于昭和三十年（一九五五年）的全年渔业生产量高达十五万吨，现在仅剩下区区五万吨左右（实际渔获量为两万五千吨上下，而以紫菜为中心的养殖业总产量同为两万五千吨），等于只有过去的三分之一。

在东京湾所捕获的鱼类

　　不过，相较于全国其他地方的渔业现况，例如鹿儿岛湾的渔业生产量一年仅约三千吨，东京湾的产量已经算多的了。那么，东京湾庞大的渔业生产力是从哪里来的呢？答案是河川特别多！

　　汇入东京湾的大小河川加起来多达六十条左右，因此每年总共有一百亿吨的淡水源源不绝地注入东京湾，这些淡水含有丰富的天然养分，使海中的浮游生物得以大量繁衍，进而成为鱼类的饵食。最后的结果，便是海里的鱼类大量增加。

　　东京湾的鱼不愁吃，自然长得肉质肥美、味道丰厚，所以大家才会说东京湾捕到的江户前鱼特别好吃。

　　即使今天，东京湾依然可以捕捞到非常多样化的鱼类和贝类，其中，自古即已作为江户前料理的食材，并广为大众所熟知的种类，共有以下几种：

　　● 青柳贝（傻瓜贝）

　　二枚贝的一种。由于这种贝类在千叶县某渔村的采集量特别多，故以当地名称"青柳"命名。另外，据说因为它的贝肉经常像人类吐舌头般露一小截在外面，所以也被俗称为"傻瓜贝"。不管是做江户前寿司还是天妇罗，青柳贝都是不可或缺的一道食材。市场上也有贩卖直接去壳的青柳贝肉。

● 蛤蜊

江户前出产的蛤蜊，从江户时代开始就普遍为民众所知。蛤蜊的产量虽小，但就连东京羽田也采集得到。

● 虾蛄

隶属于甲壳类。虾肉煮熟时会呈现蓬松的口感，且味道清甜，因而成为寿司吧台上的固定的重要角色并广为人知。每年春季至初夏期间，为抱卵虾蛄的盛产季节，产地以神奈川县的小柴最负盛名。

● 鲈鱼

鲈鱼最大可生长到超过一米长。由于此种白肉鱼肉质细嫩、好处理，包括法国菜与意大利菜也很爱用。同时，鲈鱼还是钓客最喜欢挑战的目标之一。

● 繁星糯鳗 [1]

此种鱼外形细长弯曲，与鳗鱼十分相似，也是江户前寿司和天妇罗固定会出现的重要角色之一。味道比起鳗鱼来较为清淡，肉质软滑黏腻为其特征。

---

1 繁星糯鳗：学名星鳗，又名"康吉鳗""糯米鳗"，为糯鳗科康吉鳗属下的一个品种。身体呈蛇形，尾部侧扁渐细，头部扁平且背侧有白色斑点，头部及身体呈暗色。分布于西北太平洋海域，中国台湾目前以东、东北及西南部绞常出现。主要栖息于礁区及砂泥底，量少而经济价值低。

春季盛产

蛤蜊  血蛤

青柳贝（傻瓜贝）  虾蛄

真鲷

夏季盛产

白沙梭 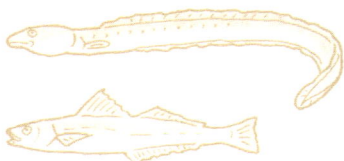 繁星糯鳗

 鲈鱼

横滨拟鲽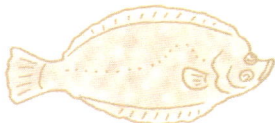

● 剥皮鱼

此鱼食用时须先剥除鱼皮，因此得名。大家别被它外形上那有如樱桃小口般突出的吻部所特有的滑稽感给欺骗了，这种白肉鱼的清爽口感和优雅的韵味，足以媲美高级的河豚，就连它的鱼肝也十分美味。

● 短蛸 [1]

属于小型章鱼，体型最大顶多长到三十厘米长左右。日文汉字写作"饭蛸"，原因是每到秋至冬季，此品种的母章鱼身上就会附着密密麻麻有如饭粒般大小的卵，故而得名。

除了以上所提到的品种外，江户前所盛产的鱼类还有许多。希望各位务必亲身体验，用自己的味蕾去感受一下江户前当季的海味，看看是否如同我们所保证的料鲜味美。

---

1 短蛸：又称"短腿蛸""短爪章鱼"，属于章鱼科章鱼属的头足动物。胴部卵圆形，体表有许多突起的疣，背面在两眼间有一个纺锤形的浅色斑，腕较短。为生活在浅海的小型章鱼，常被大量捕捉食用。

秋季盛产

窝斑鰶

黄鳍刺虾虎鱼

芝虾

剥皮鱼

冬季盛产

剥皮鱼

短蛸

紫菜

比目鱼

2——供应江户前美味的鱼河岸
（鱼类批发市场）

在日本桥诞生的鱼河岸

筑地鱼市场，除了销售来自江户前的渔获外，世界各地琳琅满目的水产也都同时汇集到这里。它的前身发源自日本桥的鱼河岸。据说江户时代，佃岛的渔夫们捕到的渔获必须上缴给幕府作为进贡之用，而多出来的部分，他们就会带到日本桥川的河岸边或桥上贩卖，由此渐渐演变而来。一开始只有少数的地摊，简单地用一块木板排放渔货便开始销售；慢慢地，鱼贩愈聚愈多，开始有人搭起棚架形成简易型的摊位，人来人往也变得热闹无比。后来，不光是贩售江户前的鱼，就连远及千叶、茨城、神奈川和静冈等地所捕到的鱼也都千里迢迢被运送到这里，于是大量的渔获便在此地进行交易。

当时鱼河岸繁荣的景象，我们从"鱼河岸朝千两"这句日本流传的俗谚中便不难窥见。这句谚语翻成白话的意思就是：在日本桥的鱼河岸，每天早上随便在地上捡，都有千两银子。

当时的千两换算成现代的币值，可是高达数亿日元的天价！也因此，在江户时代，日本桥的鱼河岸和芝居小屋街 [1] 及青楼林立的吉原 [2]，并列为三大热门公众市场，盛极一时。

世界第一的鱼河岸（筑地）

从江户时代开始蓬勃发展的日本桥鱼河岸，在迈入大正时代（一九一二年）之后，因交易量扩增、业者大量涌入，加上现场卫生条件恶化等种种因素，开始出现了希望迁移市场的声音。就在大正十二年九月一日，发生关东大地震，日本桥的鱼河岸也蒙受极大的损失。加上先前在富山县的鱼津

---

1 芝居小屋街：指专门表演歌舞伎一类日本传统戏剧的庶民娱乐场所。江户时代中后期，在浅草寺的参道两旁逐渐出现商店与芝居小屋，同时还聚集许多各地的卖艺人，因而形成了"仲见世"这条为江户人所津津乐道的繁华闹街。

2 吉原：位于今日的东京都台东区。一六一七年，江户幕府创立没多久，便允许民间在日本桥的茸屋町设置妓院，于是在幕府公认下的吉原妓院就此诞生，成为日本第一花柳街。

发生的米暴动事件 [1]，一连串天灾人祸的交相催生之下，崭新
的筑地市场正式落成。在这里进行交易的，除了水产之外，
尚有蔬果类的农作物。

　　不过说到筑地，我们最先想到的还是鱼。筑地市场平均
一天水产品的交易量可达两千吨，相当于十八亿日元左右的
现金流。据说，这里的鱼货琳琅满目，种类可达四百八十种
之多！堪称世界第一的规模。就连数量已呈现锐减的江户前
渔获，也多数都送到这里来销售。从江户时代到现在，鱼市
场的盛况始终未曾衰退，足见对日本人的生活来说，鱼有多
么不可或缺了。

1　米暴动事件：十九世纪后，日本快速转型为工业化社会，城
　市的扩大、非农业人口的增加，使得大米的供应开始出现紧张。
　日本政府为了出兵西伯利亚不断征调军粮，导致米商和地主
　趁机哄抬米价，人民的生活出现严重的困顿，于是一九一八
　年七月，各地开始出现暴动事件。

专栏

帮助德川家康的佃岛渔夫们

　　江户时代初期，江户周边一带渔业技术的发展，仰赖的便是从关西地区迁移到此地居住的渔民。这些在幕府庇护下生活的佃岛渔民们，原属于摄津国佃村（今日的大阪市西淀川区佃町）的住民，因为受到开辟江户幕府时代的德川家康的感召，特地从摄津国佃村迁移到江户来居住。而这个小小渔村之所以会和德川家康产生联系，与明智光秀出兵讨伐织田信长的"本能寺之变"一役有绝大的关系。

　　当时的家康一接获光秀叛变的消息，立即带着少数的家臣赶赴边界抵挡。两军交战伤亡惨重，家康眼见情势不利，唯恐赔掉性命，于是决定撤兵，退回自己城池所在的三河。为了避免自己的行踪暴露，家康绕道走远路回去，途中却遭遇神崎川洪水泛滥，在进退不得的情况下，幸好当地佃村的渔民们伸出援手，在危急之中出船载运家康一行人平安渡河。

　　据传在此次事件之后，包括"大阪冬之阵·夏之阵"[1]在内的许多战事也都不乏佃村居民参与。他们为家康的军队做后援服务，义务扛起海上的警戒责任，帮忙暗渡陈仓护送士兵。为了感谢佃村居民的贡献，家康遂于功成之后，以赏赐土地居住及经营渔业的优先权为号召，让佃村一干居民在江户落脚生根。

---

1 大阪冬之阵·夏之阵：大阪之役，是开创江户幕府的德川家康为了歼灭名义上的主君丰臣家势力，以巩固个人政权所进行的重要战役。

3——江户前三大料理之寿司

江户的快餐——江户前寿司

当江户时代渔民在江户前所捕到的鱼愈来愈多之后，应用这些海产来制作美食的各式各样"江户前料理"便应运而生。其中之一的江户前寿司，如今已成为日本料理的一大代表。

我们一般所说的寿司，其实指的就是握寿司，而它最初的雏型便诞生在江户，也就是江户前寿司的始祖。

寿司最原始的模样是怎样的？就是将生鱼片和米饭同时用佐料去浸渍，使其发酵"熟成"为一种熟寿司。滋贺县的鲫鱼寿司便是典型的例子。不过所谓的"熟寿司"，正确的吃法是要拿掉米饭，只吃鱼肉的部分。鱼和饭同时入口的吃法，是从室町时代[1]才开始的。这时候的寿司已经缩短了熟成的发酵时间，相对地可以说是一种"生成"状态的寿司。

之后，在上方（关西地区）慢慢出现了将熟寿司添加上醋，然后紧密地塞在盒子里，利用外部施压原理制成的"押寿司"[2]。取其发酵时间短、可以快速入口的优点，也叫作"早寿司"（早鮨）或"箱寿司"。后来，有人将早寿司分切成方便食用的大小，并用竹叶包起来，即成为"竹叶卷寿司"。"竹叶卷寿司"可说是一个发展上的重要关键，因为它就是后来握寿司的启蒙概念。

握寿司，据传是在江户时代后期由一位名叫"华屋与兵卫"的寿司师傅发明的。他将掺入醋的米饭用手捏塑成形后，上面再摆上一块醋渍的鱼肉，然后在路边摊叫卖。根据了解，当时握寿司的尺寸足足有现在的两到三倍大。

制作迅速、直接用手拿就可以吃的握寿司，对于生性急躁、容易不耐烦的江户人来说尤其适合，摊子的生意也因此十分红火。转眼间，这道美食立即在江户地区流传开来。

---

1 室町时代：介于公元一三三六至一五七三年间，在日本史当中被划归为中世时代。
2 押寿司：即"压寿司"之意，日文汉字写作"押"。

随着握寿司在江湖的喜爱，寿司上头所覆的食材也开始有了不同的变化，包括星鳗、芝虾、小鳟鱼、鲷鱼、文蛤等，只要是当时江户前捕得到的生鲜海产，能用的几乎全派上用场。于是渐渐地，不知从何时起，"江户前寿司"便成了握寿司的代名词。

江户前寿司的精髓在细致的"工作"

说到江户前寿司的特色，不仅仅是握寿司上面所采用的食材来自江户前，这些食材在使用前还会先施以细致的处理，例如将鱼肉用醋浸泡，或以酱油腌渍。这在冷藏之类的保鲜技术尚不发达和普及的江户时代，不失为延长鱼鲜保鲜期、让食物保美味的好方法，而这样的发明也被视为江户前寿司的传统做法一直持续流传到今天。江户前寿司所需要做的基本处理，普遍为外界所熟知的有以下几种：

● 醋渍

将鱼片等食材撒上盐巴并用醋浸渍。此手法能有效去除食材当中所含的水分，并将鲜味浓缩起来。以小鳟鱼为例，大家都嫌它不管用是煮还是烤都不好吃，可是一旦用醋浸泡过后，无论鲜味或口感都有加分的效果，因而成为江户前寿司的一大代表。

● 酱油腌

将寿司的材料浸泡在酱油里的手法，称作"腌"。过去就连白肉鱼也会先用酱油腌过，不过到了现代，却是以腌鲔鱼最为出名。只是近来，使用非酱油腌渍的生鲔鱼似乎已成为主流，即使是标榜江户前寿司的专门店也不例外。

● 煨煮

江户前寿司的另一个特征是，有许多食材会事先煮熟，例如虾或虾蛄这种甲壳类就得用水煮的方式烫熟，而星鳗和文蛤则要以酱汁慢火煨煮，使之入味。过去，像乌贼、银鱼这类食材，也同样要经过调味煨煮后才能使用。

针对煨好的食材，寿司师傅在正式出菜之前，还会将它在鱼高汤所熬成的浓稠煮汁"诘"[1]里面蘸一下，使味道更加浓郁。

● 玉子烧

古早以前，江户前寿司的玉子烧因为加入磨碎的虾肉或

1　诘：日文念作"TSU ME"（ツメ）。

是比目鱼一类的白肉鱼泥，吃起来口感特别滑顺，且多了一股甘甜风味，是其一大特征。

● 醋饭

最原始的江户前寿司所使用的醋饭，其实只添加醋和盐巴而已，并没有掺入糖。不过随着现代人口味的改变，以及醋的风味早已不同以往，很多寿司店在制作醋饭的时候都习惯掺入糖。

寿司

鳗鱼

天妇罗

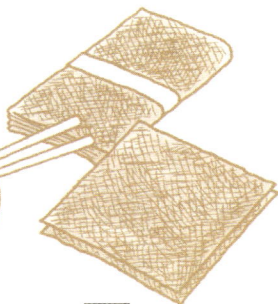

佃煮

海苔

4——江户前三大料理之鳗鱼

所谓的"江户前"，指的是鳗鱼

"江户前"一词，最初原本是应用在鳗鱼料理上。在江户时代，当地人对于从江户城位置就能一眼望见的隅田川下游以及深川一带所捕获的鳗鱼非常自豪，便特别为其冠上"江户前"的称号。相反地，从利根川和江户城北侧的偏远之地运送过来的鳗鱼，则称为"旅鳗"或"外来鳗"以示区别。因此，江户前鳗鱼可说已然成为一种质量保证，特别受到江户人的喜爱。

说到鳗鱼，我们不禁会联想到蒲烧。而今日所流传的先剖鱼再穿签，然后烧烤的烹调鳗鱼的方法，正是起源自江户时代的发明。但是在江户时代以前，人们习惯将鳗鱼简单地剁成块状，然后穿上竹签烧烤，再刷上大豆酱油或味噌酱来食用，但是听说味道并不怎么样。直到有人发明出今日我们所熟悉的蒲烧法，人们对于鳗鱼的美味才算有了真正的认识，蒲烧鳗也因此广为流传。尤其是江户前所出产的鳗鱼，特以美味著称，普受大众好评。于是，在江户一地随处可见贩卖鳗鱼的路边摊和流动摊贩（在城镇里边走边叫卖的小摊商），一直发展到江户时代末期，才终于出现鳗鱼的专卖店。

一开始，这些鳗鱼店贩卖的只有清一色的蒲烧鳗，后来才发展出将烤好的鳗鱼排放在白饭上面的鳗鱼盖饭[1]。据传，鳗鱼盖饭可以说是日本人所发明出来最早的一款盖饭形式。另一方面，将烤鳗和白饭分开盛装的双层饭盒"鳗重"，则是大正时代的产物。

传承至今的江户前鳗鱼料理法

蒲烧鳗不仅盛行于江户地区，就连在上方（关西）也广受民众的欢迎。因此，关东和关西便逐渐发展出属于各自的一套烹调方法，并分别流传到今天。其中一项很大的差异，在于剖鱼的手法不同：关西习惯从鳗鱼的腹部位置剖开，而

---

1 鳗鱼盖饭：日文称作"鳗鱼丼"；"丼"字是用来形容深底厚瓷的大碗盖饭。

关东则是从背部下手。据传，这是由于江户地区多武士，"切开鱼肚"的动作容易让他们联想到"切腹"，因此视为禁忌。

再则，关东地区的蒲烧做法，是先把剖开的鳗鱼烤过一回后再蒸熟，最后蘸上酱汁再烤一遍；反观关西的做法，则省略了蒸的这道过程。为什么会有这样的差异呢？根据了解，原来是东京湾的海水富含养分，导致江户前的鳗鱼油脂含量特别高的缘故。但只要将鳗鱼先蒸过，不但可以去除它过多的油脂，同时还能让鱼肉变得更滑嫩可口。而随着江户前鳗鱼发展出属于自己独特的烹调方式，鳗鱼料理也在此时紧紧抓住了每个江户人的心。

在此附带一提，传说日本人之所以每到立夏前十八天里逢丑的日子[1]（土用·丑·日）就要吃鳗鱼，乃源自江户时代一位著名的发明家平贺源内的巧思。当时，某家鳗鱼店的老板向平贺源内抱怨，每到夏天鳗鱼的生意就会变差，平贺源内联想到"在丑（うし，U SHI）日吃由"う"（U）开头的食物，对身体特别好"这句古老的谚语，建议老板将写有"本日为土

---

1 逢丑的日子：依照日本的风俗，立夏前丑日要吃烤鳗鱼片，立冬前丑日女人要抹口红。

用丑日"[1] 的纸贴在店里面作为宣传之用，从此日本便有了这项风俗习惯。

---

1 土用丑日："土用"意指立春、立夏、立秋、立冬的前十八天。作为古代历法十二地支之一的"丑"，日文念作"U SHI"，而鳗鱼的日文念作"U NA GI"，正好符合日本俗谚说的"丑日吃由'U'开头的食物，对身体特别好"。

专
栏

支撑江户前之味的浓口酱油

对于江户前料理的诞生与发展扮演着决定性角色的，不仅是江户前所出产的这些丰富海鲜，浓口酱油也功不可没。

浓口酱油是从江户时代中期以后才慢慢改良发展出来的，在它正式诞生前，市面上贩售的多半是来自上方（关西地区）所制作的"下乡酱油"。但由于"下乡酱油"的价格昂贵，平民百姓消费不起，于是随着江户人口渐增、慢慢发展出属于江户人特有的饮食文化之后，江户周边地带便开始有人制作起浓口酱油。当时主要的盛产地区，即为今日的千叶县野田和铫子。之所以会选择在这些地方制造，不仅是因为当地的气温和湿度符合酿造酱油的条件，另一方面也是因为制造酱油的原料大豆和小麦的产地就在关东平原，因此只要通过利根川及江户川这些水路，就可以轻易地将原料运送到江户。时至今日，野田和铫子依然以酿造浓口酱油而闻名全国。

　　随着在江户地区愈来愈常见，浓口酱油也以卫星乡镇的农产品之姿，受到江户老百姓的青睐。其浓郁醇厚的风味，特别适合用来搭配寿司、鳗鱼或佃煮一类的料理，创造出属于江户人独有的味道来。因此，若说浓口酱油的诞生对于江户前料理的美味具有画龙点睛的效果，也不为过。

5——江户前三大料理之天妇罗

天妇罗源于西方料理

　　根据考证，日本天妇罗的做法乃是源自室町时代，以由荷兰、葡萄牙或西班牙等国家的人传入长崎的南洋料理为基础演化而来。当时引进的油炸食品，其实形式比较接近现在的可乐饼。

　　另外，关于"天妇罗"名称的由来，有一派比较可信的说法是外语音译而来。至于语源为何究竟出自哪个词汇，则众说纷纭，既有代表烹饪之意的葡萄牙语"tempero"，也有同为葡萄牙语但意为打散蛋液的"temperato"，另外还有象征寺庙的西班牙语"templo"等。

从庶民饮食到日本料理的代表

传说中，现在我们所熟悉的将鱼虾贝类等材料裹上面衣后下锅油炸的天妇罗，最原始的雏型出现在江户时代。随后，渐渐地，在城市里有愈来愈多摊贩加入贩售天妇罗的行列，这道美食才因此流传开来。而说到天妇罗的诞生与发展，一般认为，和江户前所捕捞到的新鲜渔获在价格方面日趋亲民有很大的关系。

卖天妇罗的路边摊上通常会出现的菜式有明虾、银宝鱼、星鳗、芝虾、青柳贝等，全部出身自江户前。而他们所使用的油则为胡麻油，可以将海鲜炸得特别香、酥、脆，堪称江户天妇罗的特色。另外，食用的时候为了解油腻，摊贩还会附上一碟加入萝卜泥所做成的天妇罗蘸酱让客人蘸着吃。

如同前面所说，天妇罗在发明之初原本是以平民美食之姿在坊间流传开来，但随着后来开始出现在宴席的场合，天妇罗便摇身一变成为高级料理。尤其到了战后，自从政府用它来款待重要的外宾之后，天妇罗也成功地营销到国外，并成为外国人眼中日本料理的一大代表。

专
栏

东京湾与捕鲸业

日本人开始养成吃鲸鱼的习惯，是在江户时代。当时，在东京湾还有专门捕鲸的船队。

江户时代初期，在安房的胜山（现在的千叶县锯南町）诞生了一个由醍醐新兵卫[1]所带领、以捕鲸为目标的组织，称作"鲸组"（又称"醍醐组"）。当时他们所捕捉的对象，是以口部突出、状似木槌作为特征所命名的贝氏喙鲸[2]。每到夏季，贝氏喙鲸为了觅食，纷纷巡游至东京湾内的胜山近海一

---

1 醍醐新兵卫："醍醐"为安房一地的家族姓氏，传说在战国时代的乱世当中落拓成为渔夫后，便代代以"醍醐新兵卫"作为户长的称呼，由其领衔带领村人从事捕鲸的行业。

2 贝氏喙鲸：英文 Berardius arnuxii，日文汉字写作"槌鲸"，有时又被称为"巨瓶鼻鲸"，为目前世界上最大的现生种喙鲸。贝氏喙鲸分布于北太平洋温带，包括白令海峡、鄂霍次克海、日本海等日本周边海域。

带，这时候，醍醐组的船队便会手持鱼叉利用"叉刺法"来猎捕鲸鱼。

　　醍醐组会将捕获的鲸鱼皮剥下来炼油后出售，至于暗红色的鲸肉，由于一开始大众还不太能接受，必须在当地进行加工过后才能食用，也就成了所谓的"鲸鱼干"。其制作方法是先将鲸肉切成薄片，浸泡过盐水后晒干，就成了类似牛肉干的美味食品。流传到现在，已经成为房总一地的知名特产。

　　东京湾热门的捕鲸活动在江户时代天保年间达到巅峰，当时总共捕获了二十六头鲸鱼，但自此之后逐年减少。到了明治时代，捕鲸业被纳入了千叶县的管辖范围，却未能够顺利挽回颓势，于是在明治三十八年（一九〇五年），原本活跃在胜山近海一带的捕鲸船队也正式地成为了历史。

6——其他的江户前料理：
佃煮（甜烹海味）与浅草海苔

从佃岛诞生的庶民美味 —— 佃煮

　　江户时代，家家户户都会吃的一道江户前料理，就是佃煮。顾名思义，佃煮就是诞生于江户佃岛的一种食物。

　　江户时代与德川家康关系特别密切的摄津国佃村（即现在的大阪市西淀川区佃町）渔民们，自移居到江户后，便以位于大川（两国桥下游的隅田川）河口的潮埔地吹填而成的离岛作为居住地，取名"佃岛"，借以纪念故乡之名。

　　佃岛的渔民们因为享有幕府赐予的渔业优先权，于是将捕到的大量渔获在上缴幕府后所剩余的，集中带到日本桥的鱼河岸贩卖给一般大众。最后卖剩下的鱼和一些体形较小的杂鱼，便打包回家给自家人裹腹用。传说中，渔家为了将那些杂鱼做成渔夫出海时佐饭的菜肴，用盐巴调味煮食，遂成了佃煮的前身。发展到后来，使用的材料不再局限于杂鱼，包括江户前出产的糠虾、虾虎鱼[1]、银鱼等也都会不时入菜。随后，才慢慢发展出利用酱油和味淋来煨煮入味的做法。

于是，佃煮从一开始纯粹的渔家菜，逐渐演变成住吉神社拿来招待香客的菜式，或是在茅场町药师堂的前方成为公开贩售的佳肴，因而为当地民众所熟悉。尽管今日的佃煮所采用的江户前食材其实已经不多了，但是在佃岛当地，仍有几家卖佃煮的老铺依然坚守着属于江户的传统好味道。唯一的最大变化是，为配合现代人的口味，过去江户时代视为高级调味品的糖，如今已被广泛应用在佃煮当中。

怀念的江户之味 —— 海苔

海苔，是日本人饮食生活中不可或缺的食品。传说中，日本人自古便有食用海苔的习惯，在日本最早出现的一部律典《大宝律令》里便清楚地记载着，海苔在古时候被统治阶级视为租税的一个项目向人民提出征收。不过，那是指尚未加工处理过的天然紫菜。

---

1 虾虎鱼：英文为 goby，属鲈鱼目虾虎鱼科，最突出的特征就是其腹鳍愈合成一吸盘状。中国台湾民众所熟悉的弹涂鱼便属于虾虎鱼的一种。

　　我们今日所熟悉的薄片形海苔，乃源自江户时代的发明。一开始，渔民只是将捞到的天然紫菜铺平后晒干，渐渐地，随着江户前海岸的紫菜养殖业日趋兴盛，发展出新的制作方法：将捕捞到的紫菜切成小段后，以如同抄纸般的手法，将紫菜展平成为一片又一片薄薄的四方形，然后晒干。自此之后，市场上便涌现大量的海苔加工食品。

　　其中，浅草出产的海苔因味道、香气俱佳，被奉为同类食品当中的一级品。只不过，关于浅草海苔的定义众说纷纭，至今尚无定论：有一说指称，那是"因为早期使用的材料来自浅草川（江户时代对于位在两国桥上游隅田川地区的称呼）河口所捕捞到的紫菜"；另外，也有"薄片状海苔的发明主要是参考浅草纸的做法而来"的说法；甚至还有说法是"因为海苔的销售主要集中在浅草寺的腹地范围的关系"。唯一可以确定的是，海苔确实是从浅草一地开始流行，后来才慢慢推广普及到整个江户地区。随之而来的，便是品川、大森等地顿时一跃成为海苔的养殖重镇。

　　如同上述，过去海苔的养殖与制造业曾经一度在东京很繁荣，但现在养殖业却已完全销声匿迹，只剩下东京湾区域如千叶的船桥、木更津至富津一带，以及神奈川的走水和长井等地，仍继续坚守着养殖海苔的传统。

后 记

　　本书主要介绍被誉为"江户前三大料理"——寿司、鳗鱼、天妇罗的国宝级大师从学徒到独立创业的心路历程，以及面对当今日本料理界的现况发展各自不同的观点与感想。而他们在职业舞台上的成就，也直接为他们创造出另外一种身份，那就是身兼培养年轻一辈厨师的教育者的角色。在这方面，又为大师们带来不一样的崭新体验。

　　对于出版本书贡献良多的政策研究大学院大学教授小松正之，每年均会以专业讲师的身分出席本校的"烹饪节"活动，他在演讲当中所提到如"水产食材的变迁与未来的保育工作"等极具国际观的内容，不仅启发了我们的在校生，也得到了包括历年参与活动的宾客们高度的评价。

　　感谢小松先生的引荐，让本校得以在去年度顺利邀请到在料理界拥有崇高地位的三位国宝级大师——小野二郎、金本兼次郎以及早乙女哲哉，以"江户前的定义"为主题进行现场座谈及厨艺示范。由于想要争睹大师精湛技艺的人实在太多了，造成空前热烈的盛况场面。学生们既可亲眼目睹这些经历过动荡变迁的昭和年代、毕生几乎可说是为料理而活的大师的顶级厨艺，又能从他们兴味十足的对谈当中体会到大师的人生观，这样的机会可说千载难逢。

而当天未能参与活动的读者，则可以通过本书的出版，了解活动现场的盛况、感受三位国宝级大师的风采。

今日，我们正面临一个对于食物讲求"道德良心"的时代，而这些前辈厨师在专业上为我们所树立的风范，正好为年轻人在追寻"现代厨师应尽的责任"道路上指引出一个正确的方向。

未来有志在料理世界中一展长才的年轻朋友务必阅读此书，因为你所学到的将不仅是烹饪的技巧而已，你还将领悟到"料理世界的深奥"，希望你能够一步一个脚印地将日本传统饮食文化的"智慧与技术"好好传承下去。

另外，三位大师能够在各自的工作岗位上克尽职守，并不断努力、精益求精，其精神、观念和毅力不但堪为后辈厨师的楷模，也值得各界人士借鉴。

最后，我要再次向三位大师致上最深的谢意，同时也要感谢小松正之教授在出版本书的过程中与给予的大力协助。

学校法人新宿学园
新宿调理师专门学校理事长

关川惠一

美食评论家简介

山本益博 YAMAMOTO MASUHIRO

昭和二十三年（一九四八年），出生于日本东京都。早稻田大学毕业。昭和五十七年（一九八二年）因出版《东京美味大赏 200》（讲谈社）一书，瞬间成为日本美食评论界的先驱，活跃于各界。"与其吃美味的食物，不如吃出食物的美味"这句话是山本先生的座右铭。基于此概念，他执笔创作下许多介绍美食的书籍，并跨平台活跃于电视、广播、讲座等不同的活动场合。最新著作有：《益博的东京排行榜》（实业之日本社）、《山本益博严选！宅配好米》（青春出版社）、《成人礼仪》（KK Best Series）等。

图书在版编目（CIP）数据

巨匠的技与心 /（日）小野二郎,（日）金本兼次郎,
（日）早乙女哲哉著；张雅梅译. —— 长沙：湖南文艺出
版社, 2016.8
　　ISBN 978-7-5404-7719-6

Ⅰ. ①巨… Ⅱ. ①小… ②金… ③早… ④张… Ⅲ.
①神小野二郎 - 自传②金本兼次郎 - 自传③早乙女哲哉 -
自传 Ⅳ. ① K833.138.9

中国版本图书馆 CIP 数据核字 (2016) 第 182849 号

KYOSHO NO WAZA TO KOKORO EDOMAE NO RYUGI
Copyright © 2009 JIRO ONO,KANEJIRO KANEMOTO,TETSUYA
SOUTOME,MASAYUKI KOMATSU
First published in Japan in 2009 by KADOKAWA CORPORATION,Tokyo.
Simplified Chinese translation rights arranged with KADOKAWA CORPORATION ,Tokyo
through YOUBOOK AGENCY,CHINA.
著作权合同登记号：18-2016-162

巨匠的技与心
JUJIANG DE JIYUXIN

小野二郎 金本兼次郎 早乙女哲哉　著

小松正之　监修　张雅梅　译

出 版 人　刘清华
出 品 人　陈垦
出 品 方　中南出版传媒集团股份有限公司
　　　　　上海浦睿文化传播有限公司
　　　　　上海市巨鹿路 417 号 705 室 (200020)
责任编辑　耿会芬
装帧设计　王瞻远
责任印制　王　磊
出版发行　湖南文艺出版社
　　　　　长沙市雨花区东二环一段 508 号 (410014)
网　　址　www.hnwy.net
经　　销　湖南省新华书店
印　　刷　山东临沂新华印刷物流集团有限责任公司

开本：880mm×1230mm 1/32　　印张：6.75　　　字数：100 千字
版次：2016 年 8 月第 1 版　　　印次：2016 年 8 月第 1 版第 1 次印刷
书号：ISBN 978-7-5404-7719-6　　定价：52.00 元

浦睿文化 INSIGHT MEDIA

出 品 人：陈　垦
监　　制：张雪松　余　西
出版统筹：戴　涛
策划编辑：杨　萍
装帧设计：王瞻远

浦睿文化 Insight Media
投稿邮箱：insightbook@126.com
新浪微博　@浦睿文化